Echte Heimatküche

Birte Münster-Peters • Simon Tress • Gregor Wittmann
Fotos Cettina Vicenzino

Echte
Heimatküche

Die besten Familienrezepte aus Nord und Süd

CHRISTIAN

Inhalt

Vorspeisen und kleine Gerichte

Aus Norddeutschland

Soll es mittags schnell gehen oder abends noch ein warmes Gericht auf den Tisch kommen? Dann sind diese kleinen Gerichte und Snacks genau das Richtige. „Rundstück warm" z.B. gibt es bei uns häufig zu Richtfesten, Polterabenden oder Geburtstagen. Meine Oma erzählt mir oft Geschichten von früher und auch das „Rundstück warm" hat darin seinen festen Platz: Als sie früher, als junge Frau mit meinem Opa zum Tanzen ausging, war es üblich, sich nach dem Tanz zu vorgerückter Stunde noch dieses köstliche Brötchen mit Schweinebraten zu bestellen. Man genoss es zusammen mit seinen Freunden und machte sich anschließend auf den Heimweg.

Senfeier

Senfeier

Für 4–6 Personen
Zubereitungszeit: 20 Minuten

8–12 Eier (Größe M)
150 g Butter
4 EL Mehl
600 ml Milch
Salz, frisch gemahlener Pfeffer
1 Tube mittelscharfer Senf

Die Eier in etwa 8 Minuten hart kochen, dann pellen.

In einem Topf die Butter zerlassen und das Mehl einrühren. Die Milch hinzufügen, zum Kochen bringen und unter Rühren köcheln lassen, bis eine sämige Sauce entsteht. Mit Salz und Pfeffer abschmecken. Zuletzt den Senf in die Sauce geben und unterrühren.

Die Eier mit der Senfsauce übergießen.

⚓ Zu den Senfeiern passen Salzkartoffeln und Rote Bete.

Backene Kartüffel mit Porren und Quark
Ofenkartoffeln mit Nordseekrabben und Kräuterquark

Für 4–6 Personen
Zubereitungszeit: 15 Minuten plus 10 Minuten zum Kochen und 20 Minuten zum Backen

4–6 große Kartoffeln
Salz
400 g Nordseekrabbenfleisch

Für den Kräuterquark
500 g Speisequark
1 Bund Schnittlauch
Salz, frisch gemahlener Pfeffer

$\mathcal{D}$ie Kartoffeln waschen und 10 Minuten in kochendem, leicht gesalzenem Wasser garen. Herausnehmen und einzeln in Alufolie wickeln. Auf ein Backblech legen und 20 Minuten im vorgeheizten Backofen bei 180 °C backen.

Für den Kräuterquark den Quark in eine Schüssel geben. Den Schnittlauch waschen, trocken schütteln und in Röllchen schneiden. Unter den Quark mischen. Etwas Wasser hinzufügen und mit Salz und Pfeffer pikant abschmecken.

Die Kartoffeln aus der Folie nehmen, längs einschneiden und leicht aufklappen. Nun den Kräuterquark daraufgeben und die Krabben darüber verteilen.

⚓ Besonders hübsch sieht es aus, wenn man die Kartoffeln in der nur leicht geöffneten Folie serviert.

Pott
Herzhafter Pfannkuchenauflauf

Für 4–6 Personen
Zubereitungszeit: 10 Minuten plus 1,5 Stunden zum Backen

10 Eier
700 ml Milch
600 g Mehl
1 Prise Salz
20 Scheiben durchwachsener, geräucherter Speck, dünn geschnitten

*I*n einer Schüssel die Eier mit der Milch, dem Mehl und dem Salz klümpchenfrei verrühren. Eine Auf-laufform mit gut der Hälfte des Specks auslegen und die Eiermasse darübergießen. Mit dem restlichen Speck bedecken und im vorgeheizten Backofen bei 180 °C 1,5 Stunden backen.

Buernfröhstück

Bauernfrühstück

Für 4–6 Personen
Zubereitungszeit: 20 Minuten plus 20–30 Minuten zum Stocken

1 kg Kartoffeln, gekocht und geschält
125 g Schinkenspeck
2 Zwiebeln
125 g Butter
Salz, frisch gemahlener Pfeffer
4–5 Eier
2–3 EL Schnittlauchröllchen

Die Kartoffeln klein schneiden. Den Schinkenspeck und die Zwiebeln würfeln. In einer Pfanne die Butter zerlassen und die Kartoffeln, den Schinkenspeck und die Zwiebeln darin braten, bis alles schön knusprig ist. Mit Salz und Pfeffer würzen.

Die Eier mit dem Schnittlauch verquirlen und über die Kartoffelmischung gießen. Zugedeckt bei sehr niedriger Temperatur in 20–30 Minuten stocken lassen. Mit Gewürzgurken servieren.

⚓ Ein deftiges Gericht, bei dem Kartoffeln vom Vortag auf köstliche Weise verwertet werden. Probieren Sie als Vorspeise dazu Fliederbeersuppe mit Klößen (siehe Seite 166), das ist in unserer Familie eine beliebte Kombination.

Rundstück warm

Brötchen mit Schweinebraten

Für 4–6 Personen
Zubereitungszeit: 30 Minuten plus 3 Stunden zum Braten

1,2 kg Schweinebraten
Salz, frisch gemahlener Pfeffer
edelsüßes Paprikapulver
2–3 kleine Zwiebeln
3–4 EL Mehl
100 ml Sahne
4–6 Brötchen (oder Weißbrotscheiben)

Den Schweinebraten von allen Seiten mit Salz, Pfeffer und Paprikapulver einreiben und in einen Bräter legen. Die Zwiebeln schälen, vierteln und ebenfalls hineinlegen. Das Fleisch im vorgeheizten Backofen bei 180 °C 3 Stunden braten. Dann herausnehmen und beiseitestellen.

Den Bratensaft durch ein Sieb abseihen und in einem Topf auffangen. Mit 350 ml Wasser ablöschen und aufkochen lassen. Das Mehl mit ½ Tasse Wasser glatt rühren und die Sauce damit andicken. Erneut aufkochen lassen und mit Salz und Pfeffer abschmecken. Zum Schluss die Sahne unterrühren.

Den Braten in Scheiben schneiden. Die Brötchen waagerecht halbieren und mit je einer Scheibe Braten belegen. Etwas Sauce darübergießen.

⚓ Dazu passt ein Gurkensalat mit klarem Dressing.

Schweine
Krustenbraten
* * * *

Aus Schwaben

»Einfach und doch vielseitig« lautet die Zauberformel, wenn es um die vermeintlichen Nebendarsteller in der schwäbischen Küche geht. Weil der besondere Reiz schlichter Gerichte in der geschickten Verarbeitung weniger Zutaten liegt, sind die besten Produkte aus der Umgebung gerade gut genug. Man schmeckt einfach, wo und wie eine Kartoffel gewachsen ist, wie der unvergleichliche Kartoffelsalat meiner Oma bis heute beweist. Mein persönlicher Favorit in diesem Kapitel ist der Alblinsensalat: In nur 20 Minuten hat man eine fantastische Beilage auf dem Tisch, die lauwarm wie kalt schmeckt und wunderbar zu Fisch, Fleisch oder Gemüse passt.

Ackersalat mit Kartoffeldressing
Feldsalat mit Kartoffeldressing

Für 4 Portionen
Zubereitungszeit: 15 Minuten

Für das Dressing
150 g Kartoffeln, geschält und in kleine Würfel geschnitten
150 ml Mineralwasser
3 EL Apfelessig
125 ml Sonnenblumenöl
Salz und Pfeffer
Zucker

Für den Salat
50 g Butter
100 g Räucherspeck, in feine Würfel geschnitten
1 Knoblauchzehe, halbiert
2 Zweige frischer Thymian
2 Scheiben Dinkelbrot, in grobe Würfel geschnitten
200 g Feldsalat

In einem Topf reichlich gesalzenes Wasser zum Kochen bringen und darin die Kartoffeln 10 Minuten weich garen. Das Wasser abgießen und die Kartoffeln in ein Rührgefäß geben. Das Mineralwasser, den Apfelessig und das Sonnenblumenöl hinzufügen und alles mit einem Stabmixer zu einem glatten Dressing verarbeiten. Mit Salz, Pfeffer und Zucker abschmecken.

In einer Pfanne die Butter erhitzen und darin die Speckwürfel schön knusprig braten. Diese mit einem Schaumlöffel aus der Pfanne heben und auf Küchenpapier abtropfen lassen, damit sie knusprig bleiben. Das Fett in der Pfanne belassen.

Das Fett vom Ausbraten des Specks erneut erhitzen. Den Knoblauch, den Thymian und die Brotwürfel hineingeben und alles unter Rühren knusprig braten. Mit Salz und Pfeffer würzen.

Den Feldsalat waschen und in einer Salatschleuder trocken schleudern. In eine Schüssel geben und mit dem Kartoffeldressing vermengen. Den Salat mit den gebratenen Brot- und Speckwürfeln bestreuen und servieren.

Lassen Sie für eine vegane Variante den Speck weg und ersetzen Sie die Butter durch Sonnenblumenöl.

Albleisasalat

Alblinsensalat

Für 4 Portionen
Zubereitungszeit: 20 Minuten

300 g Linsen, bevorzugt Alblinsen
1 Karotte, geschält und in feine Streifen geschnitten
1 Zwiebel, in feine Würfel geschnitten
½ Bund frische Petersilie, grob gehackt
½ Knoblauchzehe, fein gehackt
4 Zweige frischer Thymian, fein gehackt
8 EL Apfelessig
2 Msp. gemahlener Zimt
1 Msp. Cayennepfeffer
Salz und Pfeffer
Zucker

In einem großen Topf reichlich Wasser zum Kochen bringen und darin die Linsen ohne Zugabe von Salz 15 Minuten weich kochen. Dann durch ein Sieb abgießen. Die Linsen nach dem Garen nicht abschrecken, da sie die Aromen der anderen Zutaten im warmen Zustand besser aufnehmen.

Die Linsen in eine große Schüssel geben. Die Karotte, die Zwiebel und die Petersilie hinzufügen und alles sorgfältig vermengen.

Den Knoblauch und den Thymian unter die Linsenmischung heben. Den Apfelessig, den Zimt und den Cayennepfeffer unterrühren und das Ganze mit Salz, Pfeffer und Zucker abschmecken.

Auch lauwarm schmeckt dieser sättigende Salat ganz großartig, zum Beispiel als Beilage zu Fisch, Fleisch oder Gemüse.

Krautsalat

Krautsalat

Für 4 Portionen
Zubereitungszeit: 20 Minuten, plus 1 Stunde zum Ziehen

650 g Weißkohl, vom Strunk befreit und fein gehobelt
1 Knoblauchzehe, fein gehackt
1 Karotte, geschält und in feine Stifte geschnitten
15 EL Weißweinessig
5 EL Sonnenblumenöl
2 EL Honig
1 TL Kümmel
Salz

In einer großen Schüssel den gehobelten Weißkohl mit dem Knoblauch vermengen, dann die Karottenstifte unter das Kraut mischen.

Den Weißweinessig, das Sonnenblumenöl, den Honig und den Kümmel unter die Krautmischung heben. Den Krautsalat mit Salz abschmecken und mindestens 1 Stunde gründlich durchziehen lassen, dabei gelegentlich durchmischen.

🌹 Der herzhaft-frische Krautsalat passt prima zu Gegrilltem und anderen deftigen Speisen. Für eine vegane Version ersetzen Sie den Honig einfach durch Zucker.

Rinderbäcklesalat
Rinderbackensalat

Für 4 Portionen
Zubereitungszeit: 1 Stunde 15 Minuten

750 g Rinderbacken
½ mittelgroße Karotte, gewaschen
¼ Stange Lauch, gewaschen und halbiert
1 ½ Zwiebeln
1 TL Salz, plus etwas zum Abschmecken
1 TL Pfefferkörner
1 TL Senfsamen
½ Knoblauchzehe, geschält
7 EL Weißweinessig
7 EL Sonnenblumenöl
5 Essiggurken, in Streifen geschnitten
Pfeffer
Honig

Die Rinderbacken in einen großen Topf legen und mit etwa 2 l Wasser bedecken. Die Karotte, den Lauch und eine halbe Zwiebel mitsamt Schale grob zerteilen und zu den Rinderbacken geben. Das Salz, die Pfefferkörner und die Senfsamen hinzufügen. Alles langsam erhitzen und dann 1 Stunde sanft köcheln lassen, bis das Fleisch weich ist. Anschließend das Fleisch aus dem Fond heben und abkühlen lassen.

Den Knoblauch zusammen mit dem Weißweinessig und dem Sonnenblumenöl mit einem Stabmixer zu einem glatten Dressing verarbeiten.

Die Rinderbacken zunächst halbieren, dann in feine Streifen schneiden und in eine große Schüssel geben. Die restliche Zwiebel schälen und in feine Würfel schneiden. Die Zwiebel, die Essiggurken, das Knoblauchdressing und nach Belieben etwas von dem Fond zu dem Rindfleisch geben und alles gründlich vermengen. Den Salat mit Salz, Pfeffer und Honig abschmecken und servieren.

🌹 Dieses Rezept schmeckt auch mit Schweinsbäckchen anstelle der Rinderbäckchen wunderbar. Mit knusprigen Bratkartoffeln wird aus dem Salat ein herzhaftes Abendessen.

Bubaspitzla
Schupfnudeln

Für 4 Portionen
Zubereitungszeit: 45 Minuten

500 g Kartoffeln
2 Eier
6 EL Weizenmehl (Type 405)
1 EL Mais- oder Kartoffelstärke
Butter zum Braten
Salz und Pfeffer

Die ungeschälten Kartoffeln 35 Minuten in reichlich Wasser weich kochen. Anschließend abgießen, etwas abkühlen lassen und pellen.

Die gekochten Kartoffeln durch eine Kartoffelpresse in eine Schüssel drücken. Die Eier und das Mehl dazugeben und gründlich einarbeiten. Dann die Stärke hinzufügen und alles sorgfältig zu einer glatten Masse verkneten.

In einem großen Topf reichlich Salzwasser zum Kochen bringen. Die Schupfnudelmasse zu einer langen, dünnen Wurst rollen und diese mit dem Messer in etwa 3 cm lange Stücke schneiden. Die einzelnen Nudeln mit der Hand in Form rollen und dann in das kochende Wasser geben. 5 Minuten garen, danach abtropfen lassen.

In einer Pfanne etwas Butter erhitzen und die Schupfnudeln darin goldbraun braten. Mit Salz und Pfeffer würzen.

Schupfnudeln passen als sättigende Beilage wunderbar zu allen Fleischgerichten.

Für den Klassiker mit Sauerkraut und Speck Zwiebelwürfel und Speck in Butter anschwitzen und mit den Schupfnudeln braten. Sauerkraut hinzufügen, heiß werden lassen und mit Salz, Pfeffer und Petersilie verfeinern.

Zwiebelkucha

Zwiebelkuchen

Für 1 Springform (28 cm ø)
Zubereitungszeit: 2 Stunden

Für den Hefeteig
200 g Weizenmehl (Type 405)
10 g Hefe
125 ml lauwarme Milch
 1 TL Zucker
1 Ei
1 Prise Salz
2 EL Öl

Für den Belag
2 EL Butter
750 g Zwiebeln, in feine Würfel geschnitten
100 g Bauchspeck, in feine Würfel geschnitten
3 Eier
200 g saure Sahne
½ TL Salz und Pfeffer
2 TL getrockneter Zitronenthymian
1 TL Kümmel

Für den Hefeteig wird im ersten Arbeitsschritt der Vorteig hergestellt. Dazu das Mehl in eine Schüssel sieben und in die Mitte eine Vertiefung drücken. Die Hefe in diese Mulde bröseln und mit einem Teil der lauwarmen Milch, 1 TL Zucker und etwas Mehl vom Rand mit einer Gabel zu einem breiigen Vorteig verrühren.

Den Vorteig zugedeckt 15 Minuten an einem warmen Ort gehen lassen, bis sich das Volumen verdoppelt und der Teig kleine Bläschen geworfen hat.

Erst nach dieser Phase die restlichen Zutaten zu dem Vorteig in die Schüssel geben und alles zu einem glatten Teig verkneten. Diesen abgedeckt an einem warmen Ort 45 Minuten gehen lassen.

Für den Belag die Butter in einer tiefen Pfanne erhitzen und darin die Zwiebeln und den Speck goldbraun und knusprig braten. Abkühlen lassen.

Den Hefeteig ausrollen, in eine gefettete Springform legen und am Rand etwas hochziehen. Weitere 15 Minuten gehen lassen. Den Backofen auf 220 °C (Ober- und Unterhitze) vorheizen.

Für den Belag die Eier in einer Schüssel schaumig rühren, dann die saure Sahne, das Salz, etwas Pfeffer, den Zitronenthymian und den Kümmel einarbeiten.

Die abgekühlte Zwiebel-Speck-Mischung unter die Eimasse heben, dann die Mischung auf dem Teigboden verteilen. Im Backofen 35–40 Minuten goldbraun backen.

Dinkelseela

Dinkelseelen

Ergibt 12 Stück
Zubereitungszeit: 1 Stunde 40 Minuten

Für den Hefeteig
500 g Dinkelmehl (Type 630)
20 g Hefe
1 EL Salz

Für den Belag
grobkörniges Salz, Kümmel, Sesamsamen, Sonnenblumenkerne,
Kleie oder Mohnsamen zum Bestreuen (nach Belieben)
1 Eigelb, mit etwas Milch verquirlt, zum Bestreichen (nach Belieben)

Das Mehl in eine Schüssel sieben und mittig eine Mulde hineindrücken. Die Hefe in die Mulde bröseln, mit etwas lauwarmem Wasser und etwas Mehl vermischen und diesen Vorteig etwa 15 Minuten gehen lassen. Danach das Salz und 350 ml lauwarmes Wasser dazugeben und alles zu einem geschmeidigen, sehr weichen Teig verkneten. An einem warmen Ort zugedeckt etwa 45 Minuten gehen lassen.

Den Backofen auf 220 °C (Ober- und Unterhitze) vorheizen. Den aufgegangenen Teig mit feuchten Händen in zwölf gleich große Portionen teilen und jede zu einer Stange formen. Diese auf ein mit Backpapier belegtes Blech legen.

Die Stangen nach Belieben mit grobkörnigem Salz, Kümmel, Sesamsamen, Sonnenblumenkernen, Kleie oder Mohn bestreuen. Die Seelen nochmals 10 Minuten gehen lassen, dann nach Belieben mit der Eigelb-Milch-Mischung bestreichen.

Im vorgeheizten Ofen 25 Minuten goldbraun und knusprig backen.

🌹 Ein Highlight der alljährlichen Ehestetter »Backhaus-Hockete« sind die warmen Seelen. Dafür werden die Seelen halbiert, mit etwas Butter bestrichen, mit Kochschinken und Käse belegt und wieder zugeklappt. Dann wandern sie noch einmal in den Ofen, bis der Käse verläuft – einfach gut!

Griebaschmalz
Griebenschmalz

Für 6 Portionen
Zubereitungszeit: 45 Minuten, plus Zeit zum Kühlen

250 g Rückenspeck vom Schwein, in feine Würfel geschnitten
1 Apfel, vom Kerngehäuse befreit und mit Schale in feine Streifen geschnitten
1 Essiggurke, in feine Streifen geschnitten
1 Zwiebel, fein gewürfelt
Salz und Pfeffer

Den Schweinerückenspeck in einen Topf geben und langsam erhitzen. Sind die Fettwürfel goldbraun geröstet, das ausgelassene Fett durch ein Sieb abgießen und auffangen. Die Grieben im Sieb gut abtropfen lassen, das Fett in den Kühlschrank stellen.

Das erkaltete Fett mit dem Handrührgerät locker aufschlagen. Die Apfelstreifen, die Essiggurke, die Grieben und die Zwiebelwürfel dazugeben und sorgfältig untermischen. Die Masse zum Schluss mit Salz und Pfeffer würzen. Das Schmalz in ein Gefäß nach Wahl füllen und bis zum Verzehr kühlen.

🌹 Bereiten Sie zur Weihnachtszeit doch auch einmal ein köstliches Schmalz aus Enten- oder Gänsefett zu. Besonders gut schmecken beide mit etwas Zimt in der Masse.

Sauer eiglegte Forellafilets mit Remouladasoß

Sauer eingelegte Forellenfilets mit Remouladensauce

Für 4 Portionen
Zubereitungszeit: 20 Minuten, plus 3 Tage zum Marinieren

8 Forellenfilets, von Gräten und Haut befreit
250 ml Weißweinessig
1 TL gemahlene Wacholderbeeren
2 Lorbeerblätter
50 g Zucker
1 Knoblauchzehe, halbiert
1 mittelgroße Zwiebel, halbiert und zur Hälfte in feine Würfel,
   zur anderen Hälfte in grobe Stücke geschnitten

1 Ei, wachsweich gekocht (7 Minuten) und gepellt
5 EL Mayonnaise
3 EL Joghurt
2 Kapernäpfel, fein geschnitten
2 Essiggurken, in feine Würfel geschnitten
1 EL Essiggurkenwasser
½ mittelgroßer Apfel, vom Kerngehäuse befreit und mit Schale fein geraspelt
Salz und Pfeffer

Die Forellenfilets nebeneinander in ein flaches, nicht-metallisches Gefäß legen. In einem Topf 500 ml Wasser mit dem Weißweinessig, den Wacholderbeeren, den Lorbeerblättern, dem Zucker, dem Knoblauch und den groben Zwiebelstücken verrühren und die Mischung aufkochen. Dann den Topf vom Herd ziehen und 1 Minute leicht abkühlen lassen. Die Forellenfilets mit der Flüssigkeit übergießen und 3 Tage im Kühlschrank marinieren. Anschließend die Filets aus dem Sud nehmen und beiseitestellen.

Das Ei in der Mitte durchschneiden. Das Eigelb herauslösen und in einer kleinen Schüssel mit einem Messer zerdrücken. Das Eiweiß fein hacken. Die Mayonnaise und den Joghurt in einer Schüssel gründlich mit den feinen Zwiebelwürfeln, dem Eiweiß und dem Eigelb, den Kapernäpfeln, den Essiggurken und dem Essiggurkenwasser verrühren. Die Apfelraspel unterheben und die Remouladensauce mit Salz und Pfeffer abschmecken.

Je zwei Forellenfilets auf einem Teller anrichten. Mit der Remouladensauce beträufeln und servieren.

🌹 Kombiniert mit knusprig gebratenen Bratkartoffeln wird der pikante Fisch zum sättigenden Vespergericht.

Wimsen bei Zwiefalten (Wttbg.)

Tellersulz

Tellersulz

Für 4 Portionen
Zubereitungszeit: 3 Stunden 10 Minuten, plus 2 Stunden zum Kühlen

1,5 kg Schweinefüße
600 g Schweineschulter
2 mittelgroße Karotten, geschält
1 mittelgroße Zwiebel, halbiert
½ Stange Lauch, geputzt und der Länge nach halbiert
2 Lorbeerblätter
1 EL schwarze Pfefferkörner
1 EL Senfsamen
Salz
Weißweinessig
Pfeffer
2 Eier
4 Essiggurken, der Länge nach halbiert
3–4 Stängel frische Petersilie

Die Schweinefüße, die Schweineschulter, eine der beiden Karotten, die Zwiebel, den Lauch, die Lorbeer-blätter, die Pfefferkörner, die Senfsamen und 1 EL Salz zusammen mit 4 l kaltem Wasser in einem Topf aufkochen. Dann die Hitze reduzieren und das Ganze 1 ½ Stunden köcheln lassen. Anschließend die Schweineschulter aus dem Fond nehmen. Die restliche Brühe mit den Schweinefüßen 1 weitere Stunde köcheln lassen. Sobald die Schweinefüße weich sind, herausnehmen. Die Brühe durch ein feines Sieb abgießen und auffangen. Mit Weißweinessig, Salz und Pfeffer abschmecken.

In einem Topf gesalzenes Wasser zum Kochen bringen. Die Temperatur reduzieren und die zweite Karotte 20 Minuten im leicht köchelnden Wasser garen. Anschließend die Eier in das Wasser geben und 8 Minuten kochen. In kaltem Wasser abschrecken und pellen.

Das Fleisch je nach Dicke in vier oder acht Scheiben schneiden. Die Fleischscheiben auf vier tiefe Teller ver-teilen. Die Essiggurken auf den Tellern anrichten. Die Karotte in Scheiben schneiden, die Eier halbieren und alles auf den Tellern platzieren. Die Petersilie grob zerrupfen und verteilen. Nun so viel von dem Fond über das Fleisch gießen, dass die Teller zu drei Vierteln gefüllt sind. 1 Stunde in den Kühlschrank stellen, damit die Flüssigkeit gelieren kann. Anschließend den restlichen Fond noch einmal erwärmen und die Teller auffüllen. Die Sülze 1 weitere Stunde kühlen und fest werden lassen, dann servieren.

🌹 Am besten schmeckt Tellersulz mit Bratkartoffeln oder frischem Bauernbrot mit Griebenschmalz. Schmalz und Brot gehören im Schwabenland sowieso grundsätzlich zu jedem anständigen Vesper!

Aus Bayern

Mit diesem Kapitel wird klar: Die bayrische Küche ist unglaublich vielseitig und kann viel mehr als nur deftig sein. Nicht falsch verstehen! Schweinsbraten und Knödel schmecken hervorragend und gehören zu meinen Lieblingsgerichten. Aber man kann durchaus klassisch und traditionell kochen, dabei aber gleichzeitig den Zeitgeist achten. Hier werden Sie fündig, egal ob Sie es mal ein wenig leichter möchten oder ob Sie es richtig deftig lieben. Wenn ein wenig kulinarische Raffinesse nicht fehlen darf – das Forellenmousse ist fantastisch! Wir in Bayern haben für alle Lebenslagen eine Lösung.

Obazda mit dunklem Bier, Birne und Feige

Käsecreme mit dunklem Bier, Birne und Feige

Für 6–8 Personen
Zubereitungszeit: 20 Minuten

500 g Brie
40 g Butter
75 g Frischkäse
1 Msp. Paprikagewürz
etwa 50 ml dunkles Bier, vorzugsweise Hofmühl Dunkel
1 mittelgroße Zwiebel
½ Birne
1 Prise frisch gemahlener Kümmel
Salz aus der Mühle
frisch gemahlener schwarzer Pfeffer
Cayennepfeffer
2 Feigen
2 EL weich geschlagene süße Sahne

Den Brie klein schneiden oder reiben. Mit Butter, Frischkäse, Paprikagewürz und Bier zu einer cremigen Masse vermischen. Die Zwiebel abziehen und fein würfeln, die Birne entkernen, ungeschält klein würfeln und mit den Zwiebelwürfeln unter den Käse mischen. Obazdn mit Kümmel, Salz, Pfeffer und Cayennepfeffer abschmecken. Feigen schälen, klein schneiden, mit der Sahne unter die Käsemischung heben und servieren.

 Schmeckt besonders gut zu reschen Brezn und mit etwas Schnittlauch garniert.

Backhendl

Paniertes Hähnchenbrustfilet

Für 4 Personen
Zubereitungszeit: 30 Minuten

4 Hähnchenbrustfilets (küchenfertig; à etwa 180 g)
1 unbehandelte Zitrone
Salz
frisch gemahlener schwarzer Pfeffer
100 g Weizenmehl Type 405
100 g Semmelbrösel
2 Eier
Sonnenblumenöl und Butterschmalz zum Ausbacken
1 EL Butter
1 Zitrone zum Anrichten

Die Hähnchenbrustfilets säubern und trockentupfen. Die Zitrone waschen und Schale abreiben. Die Filets mit Salz, Pfeffer und Zitronenabrieb bestreuen.

Für die Panade Mehl, Semmelbrösel und Eier in je eine flache Schüssel oder einen Suppenteller geben. Die Eier verquirlen. Die Hähnchenfilets nacheinander zuerst durch das Mehl, dann durch die Eier ziehen. Zum Schluss in die Semmelbrösel legen und diese nur leicht andrücken, da die Panade sonst nicht aufgeht.

In einer Pfanne Öl und Butterschmalz im Verhältnis 2:1 erhitzen. Die Pfanne sollte etwa 1 cm hoch mit Fett gefüllt sein. Die Filets goldbraun ausbacken. Kurz vor Schluss die Butter dazugeben und aufschäumen lassen. Die Backhendl mit dem Butterschaum mehrfach übergießen, aus der Pfanne nehmen und abtropfen lassen.

Die Zitrone in Spalten schneiden. Die knusprigen Backhendl mit Zitronenspalten servieren.

 Dazu passt ein frischer Gartensalat mit Kirschtomaten.

Nudelfleckerl mit Reherl
Breite Nudeln mit Pfifferlingen

Für 4 Personen
Zubereitungszeit: 35 Minuten plus 40 Minuten Ruhen

Für den Teig
200 g Weizenmehl Type 405
150 g Hartweizengrieß
4 Eier
3 EL Olivenöl
1 Prise Salz
Mehl für die Arbeitsfläche

Für die Pilzsauce
300 g frische Pfifferlinge
2 Schalotten
1 EL Butter
50 ml Kalbssauce (aus dem Glas)
Salz
frisch gemahlener schwarzer Pfeffer
1 unbehandelte Zitrone
1 TL grob gehackte Petersilie
1 EL süße Sahne, leicht aufgeschlagen

Außerdem
Salz
4–5 EL frisch geriebener Bergkäse

*F*ür den Teig alle Zutaten zu einer glatten und elastischen Masse verkneten, in Frischhaltefolie einschlagen und für etwa 40 Minuten im Kühlschrank ruhen lassen.

Den Teig mit einer Nudelmaschine oder einem Nudelholz auf einer bemehlten Arbeitsfläche dünn ausrollen. Dann mit einem gezackten Plätzchenausstecher etwa 4 cm große Fleckerl ausstechen und diese 3–4 Minuten in kochendem Salzwasser garen. Mit einer Schaumkelle aus dem Wasser nehmen und kurz abschrecken.

Für die Sauce die Pfifferlinge putzen, Schalotten abziehen, beides in Scheiben schneiden und in einer Pfanne in Butter anbraten. Mit der Kalbssauce glasieren und mit Salz und Pfeffer abschmecken.

Die Zitrone waschen und Zesten abziehen. Die Nudelfleckerl in die Sauce geben und mit Petersilie, Zitronenzesten und Sahne verfeinern. Bergkäse über die Nudeln streuen und servieren.

Bayrischer Wurstsalat

Bayrischer Wurstsalat

Für 4–6 Personen
Zubereitungszeit: 15 Minuten

3 Schalotten oder 1 Zwiebel
100 ml Gemüsebrühe
100 ml Essiggurkenwasser oder lauwarmes Wasser
1 TL mittelscharfer Senf
etwa 3 EL Gewürzessig
2 EL frisch gehackte Petersilie
Salz
Zucker
frisch gemahlener schwarzer Pfeffer
4–5 EL Rapsöl
800–1000 g Regensburger Wurst

Die Schalotten abziehen und fein würfeln. Die Gemüsebrühe und das Gurkenwasser mit Senf, Essig, Schalotten und Petersilie verrühren. Die Marinade mit Salz, 1 Prise Zucker und Pfeffer abschmecken. Zum Schluss das Öl einfließen lassen, dabei ständig rühren.

Die Regensburger Wurst enthäuten, halbieren und in dünne Scheiben schneiden. Die Wurst in einer Schüssel mit der Marinade mischen und servieren.

Schrobenhausener Spargel mit Wildkräutern

Schrobenhausener Spargel mit Wildkräutern

Für 2–4 Personen
Zubereitungszeit: 45 Minuten

Für den Spargel
800 g weißer Spargel, vorzugsweise
   aus Schrobenhausen
1 unbehandelte Zitrone
Salz
1 Prise Zucker
1 EL Butter

Für die Sauce hollandaise
2 Schalotten
1 EL gehackte Petersilie

1 EL gehackter Estragon
1 EL Weißweinessig
200 ml Weißwein
100 ml Wasser
4 Eigelb
150 g Butterschmalz, geschmolzen
Salz
weißer Pfeffer

3 Handvoll gemischte Wildkräuter

Den Spargel schälen und an den unteren Enden ein etwa 1 cm großes Stück abschneiden. Die Zitrone halbieren. Den Spargel in einem ausreichend großen Topf mit Salz, Zucker, Butter und den Zitronenhälften 10–15 Minuten kochen. Das Spargelwasser sollte am Siedepunkt leicht köcheln.

In der Zwischenzeit für die Sauce hollandaise die Schalotten abziehen und hacken. Alle Zutaten außer Eigelb, Butterschmalz, Salz und Pfeffer in einen Topf geben, aufkochen und auf ein Viertel der Menge reduzieren lassen. Durch ein Sieb in eine Schüssel passieren.

Dann zusammen mit dem Eigelb über einem heißen Wasserbad mit einem Schneebesen zu einer cremigen Eimasse aufschlagen. Vom Wasserbad nehmen und das Butterschmalz in die Eimasse rühren. Erst nur wenige Tropfen, später dann als dünnen Strahl in die Masse einrühren. Die Sauce hollandaise sollte nicht zu lange stehen und auf keinen Fall mehr erhitzt werden. Mit Salz und Pfeffer abschmecken.

Die Wildkräuter verlesen, vorsichtig waschen und trockenschütteln. Den Spargel mit Wildkräutern und Sauce hollandaise servieren.

Dazu passen Petersilien-Chili-Kartoffeln – kleine Salzkartoffeln, die in etwas Butter mit frisch gehackter Petersilie und Chiliflocken angeschwenkt werden.

Mousse von der geräucherten Bachforelle mit Fenchelsalat

Mousse von der geräucherten Bachforelle mit Fenchelsalat

Für 4–6 Personen
Zubereitungszeit: 45 Minuten plus 4 Stunden Kühlen

3 geräucherte Bachforellenfilets
250 ml Brühe
4 Champignons
1 Zweig Rosmarin
1 Zweig Thymian
frisch gemahlener schwarzer Pfeffer
3 Blatt Gelatine
½ Zitrone
Salz
60 g süße Sahne
1 Fenchelknolle
Olivenöl zum Anbraten
Chiliflocken
1 EL gehackte Petersilie

Die Haut der Forellenfilets abziehen und beiseitelegen. Die Brühe aufkochen. Die Champignons putzen und in Scheiben schneiden. Forellenfilets, Rosmarin, Thymian, Pfeffer, Champignons und die Haut der Filets in die Brühe geben und das Ganze etwa 15 Minuten leicht köcheln lassen.

Danach Haut, Rosmarin und Thymian herausnehmen. Den Rest gut verrühren und durch ein Sieb zu einer Mousse passieren.

Die Gelatine in kaltem Wasser einweichen, ausdrücken und in der noch warmen Mousse auflösen. Die Zitrone auspressen. Die Mousse mit Salz, Pfeffer und etwas Zitronensaft abschmecken und kurz im Kühlschrank fest werden lassen.

Die Sahne leicht anschlagen und unter die Forellenmousse heben. Mousse und Sahne sollten dabei etwa die gleiche Temperatur haben. Die fertige Mousse in Förmchen abfüllen und etwa 4 Stunden durchkühlen lassen.

Den Fenchel putzen und in dünne Streifen schneiden. In etwas Olivenöl anbraten und mit Chiliflocken, Salz, Pfeffer und Petersilie abschmecken. Mit der Mousse servieren.

 Für ein Hauptgericht pro Person ein geräuchertes Forellenfilet mit der Mousse und dem Salat servieren.

Kalbstafelspitz mit Kapern und Zitronenthymian

Tafelspitz vom Kalb mit Kapern und Zitronenthymian

Für 4–6 Personen
Zubereitungszeit: 35 Minuten plus 2 Stunden Garen

1 Karotte
¼ Knolle Sellerie
2 Stangen Sellerie
3 reife Tomaten
1 Zwiebel
1–2 Knoblauchzehen
1 kg Kalbstafelspitz
Salz
frisch gemahlener schwarzer Pfeffer
Sonnenblumenöl zum Anbraten
1 EL Puderzucker
2 EL Tomatenmark

250 ml Rotwein
300 ml Geflügelbrühe
1 unbehandelte Zitrone
2 Zweige Zitronenthymian
etwa 10 Pfefferkörner
3 Lorbeerblätter
3 Wacholderbeeren
Kapern zum Anrichten
Olivenöl zum Anrichten
Parmesanspäne zum Anrichten
Basil- und Daikonkresse zum Garnieren

Karotte und Knollensellerie schälen, Selleriestangen waschen und putzen, Tomaten waschen, Zwiebel und Knoblauch abziehen. Alles in 1–2 cm große Stücke schneiden.

Den Kalbstafelspitz mit Salz und Pfeffer bestreuen und in einem Bräter mit Öl rundherum kräftig anbraten. Den Tafelspitz aus dem Bräter nehmen und Puderzucker in den Bräter streuen. Die Gemüsestücke darin karamellisieren lassen und das Tomatenmark dazugeben. Kurz anschwitzen und mit der Hälfte des Rotweins ablöschen. Den Rotwein einköcheln lassen und nochmals mit dem restlichen Rotwein ablöschen. Den Tafelspitz wieder dazugeben und mit der Geflügelbrühe aufgießen.

Den Backofen auf 150 °C (Ober-/Unterhitze) vorheizen.

Die Zitrone waschen und breite Zesten abziehen. Die Zesten mit 1 Zweig Zitronenthymian und den Gewürzen zum Tafelspitz geben. Den Bräter nun für 2–2,5 Stunden in den Backofen stellen.

Danach den Tafelspitz aus dem Bräter nehmen, auskühlen lassen und dünn aufschneiden. Mit Kapern, dem restlichen Zitronenthymian, Zitronenzesten, Parmesanspänen und etwas Olivenöl anrichten und mit Kresse bestreut servieren.

Rote-Bete-Carpaccio mit frischem Kren

Rote-Bete-Carpaccio mit frischem Meerrettich

Für 4–6 Personen
Zubereitungszeit: 15 Minuten plus 1 Stunde 30 Minuten Kochen

600 g Rote Bete
½ TL Kümmelsamen
Salz
1 Stück frischer Meerrettich
Brunnenkresse zum Garnieren

Für die Marinade
5 EL Olivenöl
3 EL Balsamico
1 EL frisch gehackte Petersilie
frisch gemahlenes grobes Salz
frisch gemahlener schwarzer Pfeffer

Die Roten Beten waschen und etwa 1,5 Stunden mit den Kümmelsamen in Salzwasser kochen. Anschließend abgießen und schälen. Die Roten Beten in etwa 1 cm dicke Scheiben schneiden und auf einem Teller fächerförmig anrichten.

Für die Marinade alle Zutaten verrühren und die Rote-Bete-Scheiben damit übergießen. Den Meerrettich schälen und vor dem Servieren frisch über das Carpaccio reiben. Mit Brunnenkresse bestreut servieren.

 Sehr fein schmeckt das Carpaccio auch mit einem Sellerieschaum beträufelt.

Suppen

Aus Norddeutschland

Bei großen Familienfesten wie Hochzeiten oder Konfirmationen gibt es bei uns immer eine Suppe als Vorspeise. Meist ist es eine Spargelsuppe mit Klößchen oder eine klare Suppe mit verschiedenen Einlagen. Überhaupt werden im Norden gern Suppen und Eintöpfe gegessen, meist deftig, oft aber auch süß. Das Rezept für die Buttermilchsuppe in diesem Kapitel beispielsweise stammt von meiner Oma Sefa und ist in unserer Familie ausgesprochen beliebt. Gestovtes Gemüse ist eine Beilage, die wir zu fast allem Kurzgebratenem essen. Wir stoven gerne unser Gemüse, d.h., wir bereiten es mit einer Butter-Mehl-Sauce (eigentlich eine Béchamelsauce) zu. Diese Zubereitungsart ist bei fast allen Gemüsesorten möglich und schmeckt einfach köstlich.

Grönkohlsupp
Grünkohlsuppe

Für 4–6 Personen
Zubereitungszeit: 20 Minuten plus 90 Minuten zum Kochen und Ziehen

1 kg Grünkohl (frisch oder tiefgefroren)
150 g Schweinebacke
150 g Kassler ohne Knochen
etwas geräucherte Schwarte
6–7 Kartoffeln
etwas Brühe (Instant)
150 g Gerstengrütze oder Haferflocken
3 Kohlwürste

Den Grünkohl putzen und 30 Minuten in kochendem Wasser garen. Dann abseihen und in einem großen Topf erneut 2 l Waser zum Kochen bringen. Den Grünkohl, die Schweinebacke, das Kassler und die Schwarte dazugeben und 45 Minuten kochen. Inzwischen die Kartoffeln schälen und in einem weiteren Topf gar kochen, dann klein würfeln und warm stellen.

Das Fleisch aus der Suppe nehmen und klein schneiden. Die Schwarte entfernen. Die Suppe mit der Brühe abschmecken und die Gerstengrütze hinzufügen. Nochmals aufkochen lassen. Das klein geschnittene Fleisch, die Kartoffelwürfel und die in Scheiben geschnittenen Kohlwürste dazugeben. Alles etwa 15 Minuten ziehen lassen.

⚓ Diese Suppe ist ideal für die Resteverwertung – Grünkohl vom Vortag, gekochtes Fleisch und übriggebliebene Kartoffeln ergeben im Handumdrehen ein neues deftiges Gericht. Dazu den Grünkohl nur mit Wasser aufgießen, mit Gerstengrütze aufkochen und alle weiteren Zutaten hinzufügen. Abschmecken. Fertig.

Bottermelksupp mit Klümp
Buttermilchsuppe mit Klößen

Für 4–6 Personen
Zubereitungszeit: etwa 1 Stunde

Für die Suppe
1,5 l Buttermilch
1 Pck. Vanillepuddingpulver zum Kochen
Vollmilch nach Bedarf
4–5 EL Zucker

Für die Klöße
600 g Mehl
60 g weiche Butter
3 Eier
etwa 300 ml Milch
1 Prise Salz

Für die Suppe in einem Topf die Buttermilch zum Kochen bringen und mit dem Vanillepuddingpulver andicken. Wenn die Suppe zu dick ist, etwas Vollmilch unterrühren. Mit dem Zucker abschmecken und warm stellen.

Für die Klöße das Mehl mit der Butter, den Eiern und so viel Milch verrühren, dass eine sämige Masse entsteht. Das Salz hinzufügen. Die Masse in einen Topf geben und unter kräftigem Rühren zum Kochen bringen. Sobald die Masse fest geworden ist, mit einem Löffel Klößchen abstechen und in einen Topf mit kochendem Salzwasser geben. Die Klöße sind gar, wenn sie nach oben steigen. Einen tiefen Teller mit Küchenpapier aus-legen und die Klöße darauf abtropfen lassen. Dann in die Buttermilchsuppe geben.

Stovte Steckrübe

Gestovte Steckrübe

Für 4–6 Personen
Zubereitungszeit: 35 Minuten

Salz
1,5 kg Steckrüben
100 g Butter
3 EL Mehl
250 ml Milch, mehr nach Bedarf
100 ml Sahne
1 Prise Zwiebelpulver
frisch geriebene Muskatnuss

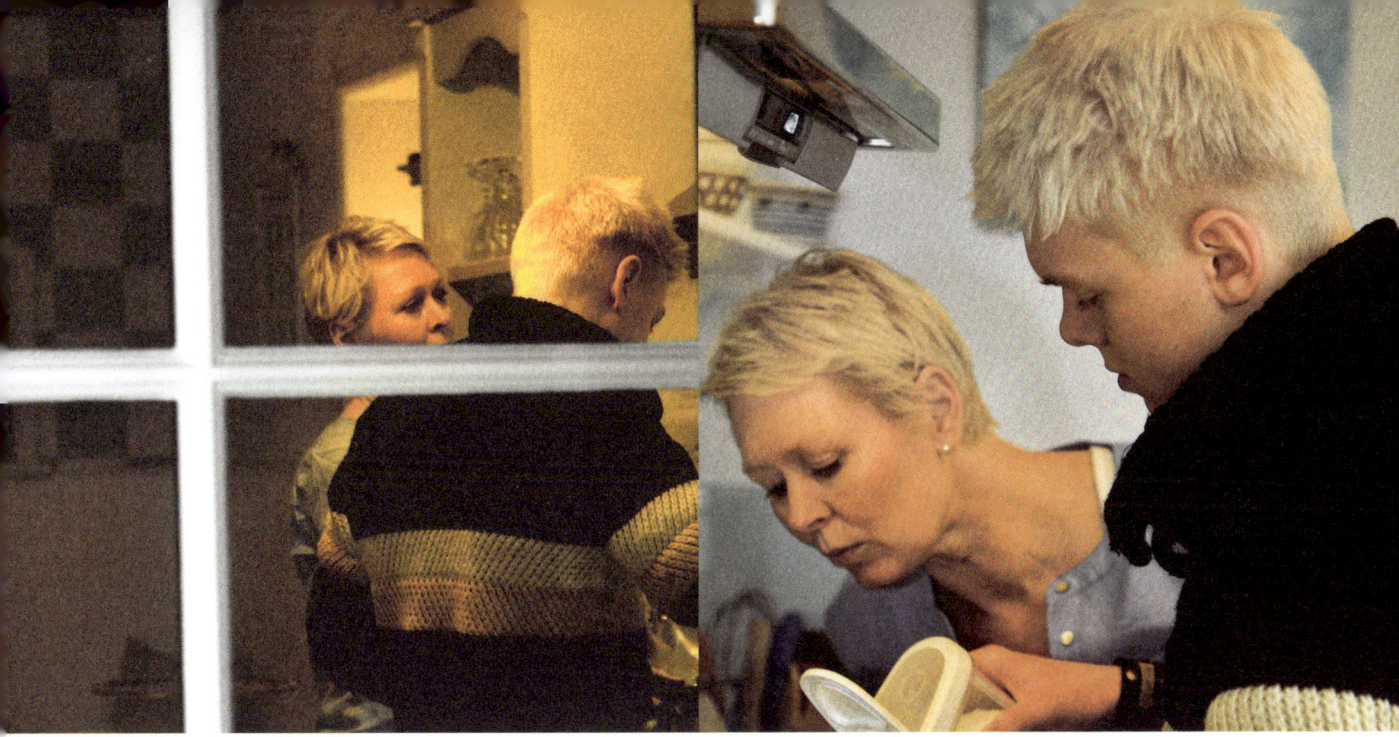

$\mathscr{D}$ie Steckrüben schälen, in Würfel schneiden und in etwas Salzwasser in etwa 25 Minuten weich garen.

Inzwischen in einem weiteren Topf die Butter zerlassen und das Mehl einrühren. Die Milch und die Sahne unterrühren und zum Kochen bringen, dabei ständig mit dem Schneebesen rühren, bis eine sämige Sauce entsteht. Wenn sie zu dick wird, noch etwas Milch dazugeben. Mit Zwiebelpulver, Muskat und Salz abschmecken. Die Steckrübenwürfel abseihen, hinzufügen und unterrühren.

⚓ Die gestovte Steckrübe schmeckt sehr gut zu Bratwurst, Kotelett und Schnitzel.

Spargelsupp mit Fleeschklümp
Spargelsuppe mit Klößchen

Für 4–6 Personen
Zubereitungszeit: 1 Stunde plus 30 Minuten zum Kochen

Für die Suppe
1,2 kg frischer Spargel
3–4 EL Mehl
125 ml Sahne
1 Spritzer frischer Zitronensaft
Salz, frisch gemahlener Pfeffer
etwas glatte Petersilie

Für die Klößchen
200 g gemischtes Hackfleisch
1 kleines Brötchen vom Vortag
1 kleine Zwiebel
1 Ei

Für die Suppe den Spargel schälen. Die Schalen in 2 l Salzwasser etwa 30 Minuten kochen. Den geschälten Spargel in einen hohen Topf mit kochendem Salzwasser geben und 20 Minuten garen. Dann herausheben und in kleine Stücke schneiden. Den Schalensud abseihen und auffangen. Eine Tasse davon abnehmen, das Mehl hinzufügen und glatt rühren. Das angerührte Mehl in den Schalensud geben, aufkochen und unter ständigem Rühren köcheln lassen, bis die Suppe leicht sämig wird. Die Sahne und den Zitronensaft unterrühren, mit Salz und Pfeffer abschmecken. Die Spargelstücke dazugeben. Warm stellen.

Für die Klößchen das Hackfleisch in eine Schüssel geben. Das Brötchen in wenig Wasser einweichen, dann ausdrücken. Die Zwiebel schälen und klein hacken. Beides zum Hackfleisch geben und alles mit dem Ei, etwas Salz und Pfeffer vermengen. In einem kleinen Topf Wasser zum Kochen bringen. Aus der Hackfleischmasse sehr kleine Klöße formen und in das kochende Wasser geben. Sie sind gar, wenn sie nach oben steigen. Herausnehmen, abtropfen lassen, in die Suppe geben und mit Petersilie garnieren.

Porrensupp

Krabbensuppe

Für 4–6 Personen
Zubereitungszeit: etwa 45 Minuten

2 kg Krabben
3 EL Mehl
½ Tube Krabbencreme (oder 1 Hummersuppenwürfel)
125 ml Sahne
etwas Weißwein
Salz, frisch gemahlener Pfeffer
1–2 EL gehackte Petersilie

𝒟ie Krabben pulen (siehe unten) und beiseitestellen. Die Schalen in 2 l Wasser auskochen, bis sie keine Farbe mehr haben. Den Sud durch ein Sieb abseihen. Das Mehl mit etwas Wasser in einer Tasse glatt rühren und in den Sud geben, diesen auf-kochen und leicht andicken lassen. Die Krabbencreme oder den Hummersuppenwürfel dazugeben und die Sahne unterrühren. Zum Schluss den Weißwein hinzufügen, mit Salz und Pfeffer abschmecken. Die gepulten Krabben in die Suppe geben und mit der gehackten Petersilie servieren.

So pult man Krabben

1. Die Krabbe zwischen Zeigefinger und Daumen beider Hände nehmen und in die Länge ziehen.

2. Dann die Krabbe am hinteren Ende um 180 Grad drehen.

3. Die Schale hinten abziehen, sodass das Krabbenfleisch im vorderen Teil stecken bleibt – das erfordert etwas Übung.

4. Das Krabbenfleisch nun auch aus dem vorderen Teil herausziehen.

Aus Schwaben

Suppen sind die perfekten Vorboten, wenn es darum geht, die deftigen, gutbürgerlichen Hauptgerichte der schwäbischen Küche anzukündigen. Sie wärmen wohlig und sättigen gerade ausreichend, um noch genügend Platz für Rostbraten, Maultaschen & Co. zu lassen. Wenn es Nudelsuppe gibt, bleibt auch bei den Jüngsten am Tisch kein Tröpfchen mehr im Teller. Suppen sind leicht zuzubereiten und schmecken in jeder Lebenslage. Deshalb haben meine Brüder Daniel, Dominik, Christian und ich uns als »Küchenbrüder« zusammengetan, um auch diejenigen mit leckeren, gesunden Suppen aus dem Kühlregal zu versorgen, bei denen es einmal besonders schnell gehen muss. Für alle anderen gilt: Viel Spaß beim Nachkochen!

Jägersupp
Jägersuppe

Für 4 Portionen
Zubereitungszeit: 1 Stunde 15 Minuten

1 EL Butter
1 Rehherz, geviertelt
2 mittelgroße Zwiebeln, fein gehackt
1 Knoblauchzehe, fein gehackt
1 Zweig frischer Rosmarin, fein gehackt
2 EL Tomatenmark
15 getrocknete Wacholderbeeren, fein zerstoßen
2 Lorbeerblätter
Öl zum Braten
1 Rehleber, in Würfel geschnitten
2 Rehnieren, halbiert
10 frische Champignons, geviertelt
750 ml süße Sahne
Salz und Pfeffer

In einem großen Topf die Butter erhitzen und darin die Rehherzstücke zusammen mit den Zwiebeln gut anbraten. Den Knoblauch und den Rosmarin dazugeben und kurz mitbraten, dann das Tomatenmark einrühren und alles mit 1 l Wasser ablöschen.

Die Mischung aufkochen, dann die Temperatur reduzieren und alles 1 Stunde köcheln und eindicken lassen. Die Wacholderbeeren und die Lorbeerblätter dazugeben und alles weitere 15 Minuten sanft köcheln lassen.

In einer Pfanne etwas Öl erhitzen und darin die Leber, die Nieren und die Champignons unter Rühren schön braun anbraten. Die Mischung in die Suppenbasis geben und die Sahne angießen. Die Suppe erhitzen, aber nicht zu lange köcheln lassen, damit die Leber nicht trocken wird. Mit Salz und Pfeffer abschmecken und servieren.

Albleisa-Speck-Supp

Alblinsen-Speck-Suppe

Für 4 Portionen
Zubereitungszeit: 30 Minuten

50 g Butter
1 mittelgroße Zwiebel, in feine Würfel geschnitten
50 g Weizenmehl (Type 405)
250 g Linsen, bevorzugt Alblinsen
½ Knoblauchzehe, fein gehackt
1 TL Tomatenmark
100 g Räucherspeck, in Würfel geschnitten
1 EL Balsamicoessig
Salz und Pfeffer

In einem Topf die Butter erhitzen und darin die Zwiebel goldbraun anschwitzen. Das Mehl dazugeben, alles gut verrühren und braten, bis die Mehlschwitze schön angebräunt ist. Nach und nach unter Rühren 1 ¼ l Wasser angießen und die Mischung langsam zum Kochen bringen. Die Linsen hinzufügen, die Temperatur reduzieren und alles 25 Minuten köcheln lassen, bis die Linsen weich sind. Den Knoblauch, das Tomatenmark, den Speck und den Essig unterrühren und alles mit Salz und Pfeffer abschmecken.

Besonders gut schmeckt mir diese Suppe auch verfeinert mit gehobeltem Apfel und Currypulver. Typisch schwäbisch ist diese Variante aber natürlich nicht.

Nudelsupp
Nudelsuppe

Für 4 Portionen
Zubereitungszeit: 10 Minuten

300 g Weizenmehl (Type 405)
2 EL Sonnenblumenöl
2 Eier
Salz
1 l Rinder- oder Gemüsebrühe
Salz und Pfeffer

Das Mehl, das Sonnenblumenöl, die Eier und etwas Salz mit 2 EL Wasser zu einem Teig verkneten. Den Teig durch eine Nudelmaschine mit Matrize für Fadennudeln drehen.

In einem Topf reichlich gesalzenes Wasser zum Kochen bringen und die Fadennudeln hinzugeben. Den Topf vom Herd nehmen und die Nudeln im heißen Wasser 3 Minuten ziehen lassen. Abgießen und abtropfen lassen.

In einem Topf die Brühe erhitzen und mit Salz und Pfeffer abschmecken. Die Nudeln in die Brühe geben und heiß werden lassen. Die Suppe auf Teller verteilen und servieren.

Biersupp
Biersuppe

Für 4 Portionen
Zubereitungszeit: 20 Minuten

50 g Butter
3 EL Weizenmehl (Type 405)
1 l helles Bier
½ Knoblauchzehe, fein gehackt
50 g dunkles Brot vom Vortag, in kleine Würfel geschnitten
100 ml süße Sahne
2 EL Honig
Salz und Pfeffer
gemahlener Kümmel

In einem Topf die Butter erhitzen. Das Mehl hinzugeben und so lange rühren, bis eine goldbraune Mehlschwitze entstanden ist. Die Mischung mit dem Bier ablöschen und alles unter Rühren aufkochen. Dann die Temperatur reduzieren.

Den Knoblauch und das Brot in die Suppe geben und alles 10 Minuten köcheln lassen. Dann sorgfältig die Sahne und den Honig einrühren. Die Suppe zum Schluss mit Salz, Pfeffer und etwas Kümmel abschmecken und heiß servieren.

Das Rezept gelingt mit jeder Sorte Bier, sogar mit Schwarzbier. Besonders gut schmeckt die Suppe auch verfeinert mit etwas gehacktem frischem Oregano.

Schwarze Brotsupp

Schwarze Brotsuppe

Für 4 Portionen
Zubereitungszeit: 15 Minuten

500 g Dinkelbrot, in grobe Würfel geschnitten
4 mittelgroße Kartoffeln, in Würfel geschnitten
2 mittelgroße Karotten, in Würfel geschnitten
½ Stange Lauch, in Streifen geschnitten
2 Zwiebeln, in feine Würfel geschnitten
500 ml Rinderbrühe
Salz und Pfeffer
Apfelessig
1 EL Butter

Das Dinkelbrot, die Kartoffeln, die Karotten, den Lauch und die Hälfte der Zwiebeln zusammen mit 1 ¼ l Wasser in einen Topf geben. Die Mischung langsam zum Kochen bringen, dann die Temperatur reduzieren und die Suppe köcheln lassen, bis das Gemüse weich ist.

Das Brot und das Gemüse mit dem Stabmixer fein pürieren, dann die Rinderbrühe angießen. Alles mit Salz, Pfeffer und Apfelessig abschmecken.

In einer Pfanne die Butter erhitzen und darin die restliche Zwiebel goldbraun anschwitzen. Mit Salz und Pfeffer würzen.

Die Brotsuppe auf Teller verteilen, mit den gebratenen Zwiebelwürfeln bestreuen und servieren.

Aus Bayern

Ich kenne kaum einen Genießer, der eine gut gewürzte heiße Suppe vor dem Hauptgang ausschlagen würde. Suppen sind die Bereicherung einer jeden Küche. Nahezu jedes Gemüse lässt sich in eine verwandeln. Die Schätze der jeweiligen Saison sorgen dann für ein vollmundiges und kräftiges Aroma: Im Frühling wächst Bärlauch, dann folgt auch schon die Brennnessel- und Pfifferlingszeit und im Herbst kann man sich vor lauter Kürbissen kaum retten. Und im Winter, wenn auf dem Christkindlmarkt die heißen Maroni in ihrer Schale verkauft werden, steht ein großer Topf Kastaniensuppe auf dem Herd. Die Lieblingssuppe meiner Frau Iris ist schon immer Rinderbrühe mit Grießnockerln gewesen. Über die Konsistenz der kleinen Nocken lässt sich übrigens nicht streiten: Schön fluffig und luftig leicht müssen sie sein. Nur dann kann man sie mit dem Löffel in mundgerechte Stücke zerteilen.

Festtagssuppn
Festtagssuppe

Für 6–8 Personen
Zubereitungszeit: 2 Stunden 30 Minuten

Für die Fleischbrühe
2 Beinscheiben vom Rind (à etwa 300g)
500 g klein gehackte Rinderknochen
2 Zwiebeln
1 Karotte
¼ Knolle Sellerie
¼ Stange Lauch
2 Lorbeerblätter
10 Pfefferkörner
3 Wacholderbeeren
2 Tomaten
1 kleines Bund Petersilie
Salz
frisch geriebene Muskatnuss

Für die Schinkenschöberl
70 g gekochter Schinken
1 EL Butter
3 Eier
3 TL Weizenmehl Type 405
je 1 TL gehackte Petersilie und Schnittlauchröllchen

Für die Pfannkuchen
80 g Weizenmehl Type 405
4 Eier
200 ml Milch
1 TL Salz
50 g Butter
frisch geriebene Muskatnuss

Die Beinscheiben und Knochen 2–3 Minuten blanchieren. Aus dem Wasser nehmen und abbrausen. Knochen in einen Topf mit etwa 2 l kaltem Wasser geben und aufkochen. Den Schaum abschöpfen. Beinscheiben dazugeben und etwa 2 Stunden köcheln lassen.

In der Zwischenzeit die Zwiebeln ungeschält halbieren und auf der Schnittfläche ohne Fett anrösten. Karotte und Sellerie schälen und in Stücke schneiden. Lauch putzen und ebenfalls in Stücke schneiden. Gemüse, Zwiebel, Lorbeer, Pfefferkörner und Wacholder etwa 45 Minuten vor Ende der Kochzeit in die Brühe geben. Tomaten und Petersilienbund waschen und nach weiteren 25 Minuten dazugeben. Von der Petersilie 3 Stängel hacken und beiseite stellen. Aufsteigenden Schaum immer wieder abschöpfen.

Den Backofen auf 170 °C (Ober-/Unterhitze) vorheizen. Schinken würfeln und in Butter anschwitzen. Eier trennen, das Eiweiß steif, Eigelb schaumig aufschlagen. Mehl, Schinken sowie Kräuter untermischen. Zuletzt den Eischnee unterheben. Die Eimasse auf einem Backblech etwa 5 mm dick verstreichen, in den Ofen geben und 8–10 Minuten backen. Abgekühlt in Rauten schneiden.

Für die Pfannkuchen Mehl, Eier, Milch und Salz verrühren. Etwas Butter in einer Pfanne zerlassen und 1 Kelle Teig hineingeben. Nacheinander auf beiden Seiten goldgelb backen. Abgekühlt in Streifen schneiden.

Die Brühe mit einer Schöpfkelle durch ein Tuch passieren. Mit Salz und Muskatnuss abschmecken und mit Petersilie und den Einlagen servieren.

Getrüffelte Maronisuppn
Getrüffelte Kastaniencremesuppe

Für 4 Personen
Zubereitungszeit: 20 Minuten plus 40 Minuten Kochen

400 g Esskastanien (Maronen) ohne Schale
Sonnenblumenöl zum Braten
3 Zwiebeln
1 TL Puderzucker
800 ml Gemüsebrühe
250 g süße Sahne
Salz
frisch geriebene Muskatnuss
Chiliflocken
etwa 3 EL kalte Butter
etwas Trüffelöl
frische Petersilie zum Garnieren

Eine Handvoll Maronen in etwas Öl kurz anrösten und beiseitestellen. Die Zwiebeln abziehen, grob würfeln und mit etwas Öl in einem Topf anbraten. Die restlichen Maronen dazugeben und mitbraten. Mit Puderzucker bestauben und karamellisieren lassen. Die Brühe und zwei Drittel der Sahne aufgießen. Mit Salz, Muskatnuss und Chiliflocken abschmecken und die Suppe etwa 40 Minuten köcheln lassen. Dann fein mixen und durch ein Haarsieb passieren.

Die restliche Sahne leicht aufschlagen. Die Suppe mit Sahne, Butter und einigen Tropfen Trüffelöl aufmixen. Die beiseitegestellten Maronen dazugeben, die Suppe mit Petersilie bestreuen und servieren.

Grießnockerlsuppn
Grießklößchensuppe

Für 4 Personen
Zubereitungszeit: 40 Minuten

Für die Grießnockerl
100 g Butter
2 Eier
120 g Hartweizengrieß
Salz
frisch geriebene Muskatnuss

1 l Fleischbrühe
3 EL Schnittlauchröllchen zum Garnieren

Die Butter Zimmertemperatur annehmen lassen und schaumig rühren. Dann die Eier und den Hartweizengrieß abwechselnd dazugeben und alles gut vermengen. Mit Salz und Muskatnuss abschmecken. Die Nockerlmasse etwa 10 Minuten ruhen lassen.

Mit zwei Teelöffeln kleine Portionen abstechen, zu Nocken formen und in Salzwasser 5 Minuten kochen. Anschließend die Temperatur reduzieren und die Nocken weitere 15 Minuten ziehen lassen. Die Fleischbrühe erhitzen. Die Nocken aus dem Wasser heben und in die heiße Fleischbrühe geben. Mit Schnittlauch garniert servieren.

7, 8, und 9. Juli 1978 Schützenfest
Unterig

Brennnesselsuppn
Brennnesselsuppe

Für 4 Personen
Zubereitungszeit: 40 Minuten

1 Zwiebel
1 Knoblauchzehe
Sonnenblumenöl zum Anschwitzen
1 mehligkochende Kartoffel
600 g Gemüsebrühe
200 g süße Sahne
300 g frisch gepflückte Brennnesseln (Blattspitzen)
100 g junge Spinatblätter
2 EL gehackter Kerbel
Salz
frisch gemahlener schwarzer Pfeffer
frisch geriebene Muskatnuss
Cayennepfeffer
einige Wildkräuter zum Servieren

Zwiebel und Knoblauch abziehen, würfeln und in einem Topf in etwas Öl anschwitzen. Die Kartoffel schälen und klein schneiden, in den Topf geben und alles mit der Gemüsebrühe und der Sahne aufgießen. Den Suppenansatz etwa 20 Minuten köcheln lassen.

Brennnesseln und Spinat waschen und verlesen, mit dem Kerbel in den Topf geben und weitere 5 Minuten ziehen lassen. Mit Salz, Pfeffer, Muskatnuss und Cayennepfeffer abschmecken. Die Suppe kurz vor Schluss fein mixen und mit Wildkräutern garniert servieren.

Selleriesuppn mit Fleischpflanzerl
Selleriesuppe mit Frikadellen

Für 4 Personen
Zubereitungszeit: 15 Minuten plus 45 Minuten Kochen

3 Zwiebeln
1 Knolle Sellerie (etwa 600 g)
Sonnenblumenöl zum Anschwitzen
etwa 900 ml Gemüsebrühe
200 g süße Sahne
Salz
frisch gemahlener schwarzer Pfeffer
frisch geriebene Muskatnuss
Cayennepfeffer
2 EL kalte Butter
8 Fleischpflanzerl (siehe Rezept Seiten 18–19), erwärmt
Petersilie, Kerbel und rotes Basilikum zum Garnieren

Die Zwiebeln abziehen und in 1–2 cm große Stücke schneiden. Sellerie schälen und in 2–3 cm große Stücke schneiden. Öl in einem Topf erhitzen und die Zwiebeln darin anschwitzen. Selleriestücke dazugeben, kurz mit anbraten und mit Gemüsebrühe und Sahne aufgießen. Die Suppe gut 45 Minuten köcheln lassen. Zum Schluss mit Salz, Pfeffer, Muskatnuss und Cayennepfeffer abschmecken.

Die Suppe fein pürieren und durch ein Sieb passieren. Kurz vor dem Anrichten mit kalter Butter aufmixen. Jeweils zwei Pflanzerl in die Mitte der vorgewärmten Suppenteller legen, mit der Suppe aufgießen und mit den Kräutern garniert servieren.

Bärlauchcremesuppn
Bärlauchcremesuppe

Für 4 Personen
Zubereitungszeit: 1 Stunde

Für die Suppe
3 Zwiebeln
1 kleine Knolle Sellerie (etwa 400 g)
3 mehligkochende Kartoffeln
Sonnenblumenöl zum Anbraten
etwa 900 ml Gemüsebrühe
200 g süße Sahne
Salz
frisch geriebene Muskatnuss
Cayennepfeffer

Für das Pesto
50 g Pinienkerne
100 g Hartkäse (Parmesan)
200 g Bärlauchblätter
Meersalz
Olivenöl

Die Zwiebeln abziehen und grob würfeln. Sellerie und Kartoffeln schälen und in etwa 2 cm große Stücke schneiden. Die Zwiebeln in einem Topf in Öl anbraten. Sellerie- und Kartoffelstücke zu den Zwiebeln geben und mit anbraten. Mit Gemüsebrühe und Sahne aufgießen und etwa 40 Minuten köcheln lassen. Mit Salz, Muskatnuss und Cayennepfeffer abschmecken.

In der Zwischenzeit für das Pesto die Pinienkerne ohne Öl in einer Pfanne bei geringer Temperatur goldbraun rösten. Den Hartkäse grob zerkleinern. Alle festen Pesto-Zutaten in einen Mixer geben, mit etwas Olivenöl aufgießen und zu einer cremigen Masse verarbeiten.

Die Suppe fein mixen, durch ein Sieb passieren und mit Pesto servieren.

Kartoffelcremesuppn mit Reherl
Kartoffelcremesuppe mit Pfifferlingen

Für 4–6 Personen
Zubereitungszeit: 1 Stunde 10 Minuten

Für die Suppe
3 Zwiebeln
1 Knoblauchzehe
Sonnenblumenöl zum Braten
2 Karotten
600 g mehligkochende Kartoffeln
1–1,5 l Gemüsebrühe
2 EL getrockneter Majoran
Salz
frisch geriebene Muskatnuss
Frisch gemahlener Kümmel

Cayennepfeffer
200 g süße Sahne
2 EL Schnittlauchröllchen

Für die Einlage
100 g Pfifferlinge
2 EL Butter zum Anbraten
Salz
frisch gemahlener schwarzer Pfeffer
1 EL frisch gehackte Petersilie

Zwiebeln und Knoblauch abziehen. Die Zwiebeln in 1–2 cm große Würfel schneiden, den Knoblauch fein hacken. Beides in Öl anbraten. Die Karotten schälen, in Stücke schneiden und mitbraten. Die Kartoffeln schälen, achteln, zum Zwiebel-Karotten-Ansatz geben und ebenfalls kurz mitbraten. Alles mit Gemüsebrühe aufgießen.

Mit Majoran, etwas Salz, Muskatnuss, Kümmel und Cayennepfeffer abschmecken und etwa 45 Minuten köcheln lassen. Nach etwa 30 Minuten die Sahne dazugießen.

In der Zwischenzeit für die Einlage die Pfifferlinge putzen und in Butter anbraten. Mit Salz und Pfeffer bestreuen und mit Petersilie verfeinern.

Die Suppe kurz durchmixen und auf vorgewärmte Suppenteller verteilen. Die Pfifferlinge in die Suppe geben und mit Schnittlauch garniert servieren.

 Die Suppe je nach Geschmack ganz fein mixen oder stückig lassen.

Hauptgerichte

Aus Norddeutschland

In Nordfriesland kocht man traditionell mit viel Sahne und Butter, es schmeckt einfach besser so. Aber natürlich kann man die Rezepte auch ein wenig fettreduzierter nach-kochen. Ich habe fast alle meine Rezepte von meinen Eltern, den Großeltern, meinem Schwiegervater und dessen Schwester bekommen, und auch ihnen sind die Rezepte schon von ihren Eltern und Großeltern weitergegeben worden. Sie stammen also aus einer Zeit, als die Menschen noch sehr schwer auf dem Feld gearbeitet haben. Da brauchten sie mittags eine deftige und kalorienhaltige Mahlzeit.

Birnen, Bohnen und Speck

Birnen, Bohnen und Speck

Für 4–6 Personen
Zubereitungszeit: 15 Minuten plus 1 Stunde zum Kochen

1 kg küchenfertige grüne Bohnen
500 g durchwachsener geräucherter Speck (oder Kasslerbauch)
500 g Kasslernacken ohne Knochen
1 TL Salz
10 kleine Kochbirnen
12–18 Kartoffeln
2–3 EL Maisstärke
etwas Bohnenkraut, gehackt

In einem großen Topf die Bohnen und das Fleisch etwa 1 Stunde in kochendem Salzwasser garen. Etwa 15 Minuten vor Ende der Garzeit die Birnen im Ganzen dazugeben und mitgaren.

In der Zwischenzeit die Kartoffeln schälen und in einem weiteren Topf in etwas Salzwasser etwa 30 Minuten kochen.

Das fertig gegarte Fleisch herausnehmen und in Scheiben schneiden. Die Birnen herausheben und halbieren (das Kerngehäuse nicht entfernen). Vom Kochwasser etwa ½ Tasse abnehmen und die Maisstärke damit glatt rühren. Die Bohnen abseihen und damit andicken. Das Bohnenkraut hinzufügen. Fleisch, Birnen und Bohnen auf einer Platte anrichten und die Salzkartoffeln dazureichen.

Labskaus

Labskaus

Für 4–6 Personen
Zubereitungszeit: 30 Minuten plus 1 Stunde zum Kochen

Aus der Zeit der Segelschifffahrt stammt dieses Gericht, das bis in den hohen Norden verbreitet ist. Da Pökelfleisch zur täglichen Ration der Matrosen gehörte, diese aber wegen ihrer vom Skorbut schmerzenden Zähne oft keine feste Nahrung aufnehmen konnten, wurde das Fleisch püriert.

800 g gepökeltes Rindfleisch (beim Fleischer bestellen)
2 kg Kartoffeln
2 mittelgroße Zwiebeln
1 Bund Suppengemüse
1,5 l Fleischbrühe
200 g Schmalz
1 kleines Glas Rote Bete
1 mittelgroße Gewürzgurke
Salz, frisch gemahlener Pfeffer
frisch geriebene Muskatnuss

Das Rindfleisch grob würfeln. Die Kartoffeln und die Zwiebeln schälen, das Suppengemüse putzen. Alles in grobe Stücke schneiden. In einem großen Topf die Brühe zum Kochen bringen und das Fleisch, das Gemüse und das Schmalz etwa 1 Stunde darin kochen.

Die abgetropften Rote Beten und die Gewürzgurke dazugeben und den gesamten Topfinhalt durch den Fleischwolf drehen. Die Masse mit Salz, Pfeffer und Muskat abschmecken.

⚓ Wir essen gern Rollmöpse, Spiegeleier und manchmal auch Gewürzgurken zu Labskaus. Man kann aber auch einen oder mehrere Rollmöpse gleich zusammen mit der Fleisch-Gemüse-Masse durch den Fleischwolf drehen – ganz nach Belieben.

Kohlrouladen

Kohlrouladen

Für 4–6 Personen
Zubereitungszeit: 30 Minuten plus 2,5 Stunden zum Kochen und 2 Stunden zum Braten

2 kg Weiß- oder Spitzkohl
Salz
1 kleine Zwiebel
1,5 kg gemischtes Hackfleisch
3 Eier (Größe M)
2–3 EL gehackte Petersilie
frisch gemahlener Pfeffer
1 Brötchen vom Vortag
100 g Butter
100 g Mehl

Den Kohl im Ganzen etwa 2,5 Stunden in kochendem Salzwasser garen.

Inzwischen die Zwiebel abziehen und hacken. Das Hackfleisch mit den Eiern, der Petersilie, der Zwiebel, Salz und Pfeffer vermengen. Das Brötchen kurz in Wasser einweichen, ausdrücken und ebenfalls dazugeben. Den Fleischteig kräftig durchkneten und kalt stellen.

Den fertig gegarten Kohl herausnehmen und abkühlen lassen. Anschließend die Blätter vorsichtig abnehmen und auf der Arbeitsfläche ausbreiten. Die Hackfleischmasse darauf verteilen und mit den Kohlblättern zu Rouladen aufwickeln. Diese mit Küchengarn fixieren.

In einem Bräter die Butter zerlassen und die Kohlrouladen hineinlegen. Im vorgeheizten Backofen bei 180 °C 2 Stunden braten, bis sie goldbraun sind. Dann herausnehmen und die entstandene Flüssigkeit durch ein Sieb abseihen. Das Mehl mit etwas Wasser glatt rühren und die Sauce damit andicken. Abschmecken. Die Kohlrouladen nach Belieben mit Salzkartoffeln oder Kartoffelpüree servieren.

⚓ Den Kohl kann man ohne Weiteres bereits am Vortag kochen, das spart viel Zeit.

Grönkohl
Grünkohl (mit allem Drum und Dran)

Für 4–6 Personen
Zubereitungszeit: 45 Minuten plus 105 Minuten zum Kochen

Für den Grünkohl
1,5 kg Grünkohl (frisch oder TK-Ware)
Salz
½ Schweinebacke
1 kg Kasslerkotelett im Stück
300 g durchwachsener Speck
2 kleine Zwiebeln
4–6 Kohlwürste
etwas scharfer Senf
2 EL Maisstärke

Für die Salzkartoffeln
12–18 mittelgroße Kartoffeln

Für die süßen Kartoffeln
1 kg mittelgroße festkochende Kartoffeln
125 g Butter
1 kleine Zwiebel
frisch gemahlener Pfeffer
2–3 EL Zucker

Für die Sauce
125 g Butter
3 EL Mehl
600 ml Milch, mehr nach Bedarf
1 TL Zwiebelpulver

Den Grünkohl in reichlich Wasser und 1 TL Salz etwa 1 Stunde kochen. Dann abseihen, abspülen und erneut mit etwa 1 l Salzwasser zum Kochen bringen. Das Fleisch, den Speck und die geviertelten Zwiebeln dazugeben. Etwa 45 Minuten kochen lassen; bei Bedarf Wasser nachgießen. Die Kohlwürste in den letzten 10 Minuten mitgaren.

Inzwischen für die Salzkartoffeln die Kartoffeln schälen und in Salzwasser in 30 Minuten weich garen. Warm stellen. Für die süßen Kartoffeln die ungeschälten Kartoffeln in etwa 30 Minuten gar kochen. Abseihen, pellen und würfeln. Die Butter zerlassen, die Kartoffeln und die klein gehackte Zwiebel darin braten. Salzen und pfeffern. Wenn die Kartoffeln gebräunt sind, den Zucker darüberstreuen und umrühren. Warm stellen.

Fleisch, Speck und Wurst aus dem Eintopf nehmen, das Fleisch in Scheiben schneiden. Den Grünkohl mit Senf würzen und mit der in Wasser gelösten Maisstärke andicken. Für die Sauce die Butter zerlassen und das Mehl einrühren. Die Milch hinzufügen und unter Rühren aufkochen lassen. Bei Bedarf noch etwas Milch unterrühren. Mit Zwiebelpulver und Salz abschmecken.

Schmorte Lammkül
Geschmorte Lammkeule

Salzwiesenlämmer weiden traditionell auf den Salzwiesen und Deichen an der nord-friesischen Nordsee und fressen nur Gras und Kräuter von der Salzwiese. Das Fleisch ist daher von Natur aus leicht salzig, außerdem saftig und sehr zart.

Für 4–6 Personen
Zubereitungszeit: 30 Minuten plus 5 Stunden zum Schmoren

2,5 kg Lammkeule mit Knochen (wenn möglich vom Salzwiesenlamm)
Salz, frisch gemahlener Pfeffer
125 g Butter
2 kleine Zwiebeln
1 Stange Lauch
½ Sellerie
3 Karotten
2–3 kleine Petersilienwurzeln
6–8 mittelgroße Kartoffeln
einige Zweige Rosmarin
100–150 ml Weißwein

Das Lammfleisch vom Knochen lösen und mit Salz und Pfeffer einreiben. In einem Bräter die Butter zerlassen und das Fleisch zusammen mit dem Knochen von beiden Seiten kurz anbraten.

Das Gemüse schälen bzw. putzen. Die Zwiebeln und den Lauch in Ringe schneiden, den Sellerie und die Karotten würfeln, die Petersilienwurzeln halbieren, die Kartoffeln würfeln. Alles zusammen mit dem Rosmarin um das Fleisch verteilen. Den Weißwein und etwa 150 ml Wasser angießen und den Bräter mit einem Deckel verschließen. Das Lammfleisch im vorgeheizten Backofen bei 100 °C 5 Stunden langsam schmoren.

⚓ Durch das langsame Schmoren bleibt das Fleisch schön saftig. Belassen Sie dabei den Knochen unbedingt mit im Bräter, das ist wichtig für den Geschmack! Die Lammkeule schmeckt besonders gut mit Reis und Salat.

Porrenpann
Krabbenpfanne

Für 4–6 Personen
Zubereitungszeit: 50 Minuten

12–15 mittelgroße Kartoffeln
Salz
125 g Butter
2 EL feine Zwiebelwürfel
2 gehäufte EL Mehl
200 ml Milch, mehr nach Bedarf
frisch gemahlener Pfeffer
frischer Zitronensaft
500–600 g Nordseekrabbenfleisch (siehe Tipp Seite 73)
glatte Petersilie

Die Kartoffeln in kochendem Salzwasser in etwa 30 Minuten weich garen, dann abseihen und pellen.

Inzwischen in einem Topf die Butter zerlassen und die Zwiebelwürfel darin glasig anschwitzen. Das Mehl unterrühren und die Milch hinzufügen. Die Sauce unter häufigem Rühren etwa 15 Minuten bei mittlerer Temperatur köcheln lassen. Wenn sie zu dick wird, noch etwas Milch dazugeben. Mit Salz, Pfeffer und Zitronensaft abschmecken.

Die Sauce über die Kartoffeln gießen und die Krabben darauf verteilen. Mit Petersilienblättern garnieren. Dazu passt prima ein gemischter Salat mit klarem Dressing.

Bratene Aal

Gebratener Aal

Für 4–6 Personen
Zubereitungszeit: 30 Minuten

4–6 mittelgroße küchenfertige grüne Aale
etwas Salz
300 g Mehl
125 g Butter

Die Aale waschen, den Kopf abschneiden und die Haut abziehen (oder nach Möglichkeit schon beim Kauf häuten lassen). In gleich große Stücke schneiden und mit etwas Salz einreiben.

Das Mehl auf einen flachen Teller geben und die Aalstücke darin wenden. In einer großen Pfanne die Butter zerlassen und die Aalstücke darin von allen Seiten goldbraun braten. Dazu schmecken gestovte Kartoffeln und Bratkartoffeln.

Muscheln in Winsud

Muscheln in Weinsud

Für 4–6 Personen
Zubereitungszeit: 30 Minuten

4 kg küchenfertige Miesmuscheln
2 Bund Suppengemüse
3 kleine Zwiebeln
100 g Butter
1 l trockener Weißwein
1 Bund glatte Petersilie
2 Lorbeerblätter
Salz, frisch gemahlener Pfeffer

Die Muscheln unter fließendem kaltem Wasser abbrausen. Das geputzte Suppengemüse und die Zwiebeln klein schneiden.

In einem großen Topf die Butter zerlassen und das Gemüse und die Zwiebeln darin bei niedriger Temperatur anbraten. Die Muscheln zusammen mit einer Tasse Wasser dazugeben. Die Temperatur erhöhen und die Muscheln zugedeckt etwa 4 Minuten garen. Dann den Weißwein, die Petersilie, den Lorbeer sowie etwas Salz und Pfeffer hinzufügen und alles 5 Minuten bei mittlerer Temperatur garen.

Anschließend die Muscheln mit einer Schaumkelle herausheben und in einen tiefen Teller geben. Mit etwas Sud übergießen. Dazu schmeckt frisches Vollkorn- oder Bauernbrot mit reichlich Butter.

⚓ Achtung! Beschädigte Muscheln sowie Muscheln, die sich beim Kochen nicht öffnen, müssen aussortiert werden.

Meeräsche

Meeräsche

Für 4–6 Personen
Zubereitungszeit: 25 Minuten plus 30 Minuten zum Garen

1 küchenfertige Meeräsche (etwa 2 kg)
1 großes Bund Suppengemüse
grobes Meersalz
frisch gemahlener Pfeffer
Öl

Die Meeräsche waschen, den Kopf abschneiden und für eine anderweitige Verwendung aufbewahren (siehe Tipp). Wenn nötig noch die letzten Schuppen entfernen; dazu mit einem scharfen Messer die Haut abschaben. Die Meeräsche filetieren und in eine große Auflaufform legen.

Das Suppengemüse putzen, grob zerteilen und auf dem Fisch verteilen. Mit etwas Meersalz bestreuen (nicht zu viel, denn der Fisch ist von Natur aus schon salzig), leicht pfeffern und Öl darüberträufeln. Im vorgeheizten Backofen bei 180 °C etwa 30 Minuten garen.

⚓ Dazu gibt's am besten frisch gebackenes Brot mit Butter oder Rosmarinkartoffeln.

Man kann die Meeräsche auch prima grillen; dazu den Fisch mit den oben genannten Zutaten in Alufolie wickeln.

Fischfrikadellen
Fischfrikadellen

Für 4–6 Personen
Zubereitungszeit: 40 Minuten

500 g Fischfilet
1 Brötchen vom Vortag
1 Zwiebel
Salz, frisch gemahlener Pfeffer
2–3 EL gehackte Petersilie
1 Ei
150 g Butter

Das Fischfilet ganz fein schneiden und in eine Schüssel geben. Das Brötchen in etwas Wasser einweichen. Die Zwiebel fein hacken.

Das Fischfilet mit Salz und Pfeffer würzen, das ausgedrückte Brötchen, die Zwiebel, die Petersilie und das Ei hinzufügen. Die Masse gut durchkneten und gleichmäßige Frikadellen daraus formen.

In einer Pfanne die Butter erhitzen und die Frikadellen darin auf beiden Seiten goldbraun braten.

Aus Schwaben

An Maultaschen, Fleischküchle und Linsen mit Spätzle führt in der schwäbischen Küche kein Weg vorbei. Sie gehören zur Schwäbischen Alb wie wir vier Brüder zu unserer Mutter Inge. Die schwäbische Küche und meine Familie bedeuten für mich Heimat, Genuss, Vertrauen und Liebe. Schon deshalb nehme ich mir immer wieder gern viel Zeit in der Küche wie beim gemeinsamen Essen mit lieben Freunden oder der Verwandtschaft, zum Beispiel für einen guten Sauerbraten. Essen erzählt Geschichten, die uns über Generationen und lange Zeitspannen hinweg verbinden und immer wieder zusammenbringen. Und um diese Gemeinschaft geht es doch im Leben.

Mauldascha

Maultaschen

Für 4 Portionen
Zubereitungszeit: 45 Minuten

Für den Teig
400 g Weizenmehl (Type 405)
4 EL Öl
2 Eier

Für die Füllung
75 g frischer Blattspinat
5 Scheiben Toastbrot,
   in feine Würfel geschnitten
1 Bund frische Petersilie, fein gehackt
100 g Speck, in feine Würfel geschnitten

½ Zwiebel, in Würfel geschnitten
250 g Brät
125 g Hackfleisch vom Schwein
125 g Hackfleisch vom Rind

Außerdem
1 Ei, verquirlt, zum Bestreichen
4 EL Butter
2 Zwiebeln, in feine Würfel geschnitten
½ Bund frische Petersilie, fein gehackt
Salz und Pfeffer

Für den Teig das Mehl mit 50 ml Wasser, dem Öl und den Eiern zu einem festen, geschmeidigen Teig verkneten.

Für die Füllung in einem Topf gesalzenes Wasser zum Kochen bringen und den Spinat darin 3–4 Minuten blanchieren, dann kurz in eiskaltem Wasser abschrecken. Ausdrücken und fein hacken. In einer Schüssel alle Zutaten für die Füllung sorgfältig mit den Händen verkneten. Die Masse kräftig mit Salz und Pfeffer würzen.

Den Teig sehr dünn ausrollen. Auf den unteren Teil in gleichmäßigem Abstand zwölf gleich große Kugeln Fleischmasse setzen. Den Teig darum herum mit dem verquirlten Ei bestreichen. Die obere Teighälfte über die Füllung klappen, die Teigschichten überall fest zusammendrücken und quadratische Maultaschen zuschneiden. Reichlich Salzwasser zum Kochen bringen und die Maultaschen darin etwa 8 Minuten garen.

In einer Pfanne die Butter erhitzen und darin die Zwiebeln goldbraun anschwitzen, die Maultaschen dazugeben und alles unter Schwenken goldbraun braten. Die Petersilie hinzufügen und alles mit Salz und Pfeffer würzen.

🌹 Bei uns isst man die Maultaschen entweder in Fleischbrühe, gebraten mit Ei oder in Kräuterbutter geschwenkt. Die einen lieben sie geröstet, die anderen geschmälzt.

Kässpätzla

Käsespätzle

Für 4 Portionen
Zubereitungszeit: 25 Minuten

4 EL Butter
650 g Spätzle
250 ml süße Sahne
150 ml Milch
250 g Käse (z. B. Emmentaler), in kleine Würfel geschnitten
Salz und Pfeffer
1 mittelgroße Zwiebel, in Würfel geschnitten

In einem Topf die Hälfte der Butter erhitzen und darin die Spätzle unter Rühren kurz anbraten. Die Sahne und die Milch angießen und untermischen. Dann die Käsewürfel unterheben.

Die Mischung unter ständigem Rühren erhitzen. Sobald der Käse geschmolzen ist, alles mit Salz und Pfeffer abschmecken.

In einem zweiten Topf die restliche Butter erhitzen und die Zwiebeln darin goldbraun braten. Mit Salz und Pfeffer würzen.

Die Spätzle auf Tellern anrichten, die Zwiebeln darauf verteilen und servieren.

🌹 Kässpätzle werden im Schwäbischen traditionell auch als Beilage zum Zwiebelrostbraten (siehe Seite 136) serviert. Für eine vollwertigere Variante und bei Unverträglichkeiten können Sie das Weizenmehl durch feines Dinkelmehl ersetzen. Wer Rauch- aromen mag, kann anstelle des Emmentalers einen geräucherten Edamer verwenden.

Flädla mit Spargel und Rahmchampignons
Pfannkuchen mit Spargel und Rahmchampignons

Für 4 Portionen
Zubereitungszeit: 30 Minuten

Für die »Flädla«
250 g Weizenmehl (Type 405)
350 ml Milch
2 Eier
½ Bund frische Petersilie, fein gehackt
Öl zum Braten

Für die Rahmchampignons
2 EL Butter
½ mittelgroße Zwiebel, in Würfel geschnitten

8 Champignons, geviertelt
250 ml süße Sahne, steif geschlagen
¼ Bund frischer Schnittlauch,
   in feine Röllchen geschnitten

Außerdem
Salz und Pfeffer
1 kg weißer Spargel, geschält

Für die »Flädla« das Mehl in eine Schüssel sieben und nach und nach die Milch unterrühren. Die Eier hinzufügen und alles zu einem klümpchenfreien Teig verarbeiten. Die Petersilie untermischen. Die Masse mit Salz und Pfeffer würzen. In einer Pfanne etwas Öl erhitzen und darin aus dem Teig nacheinander acht Pfannkuchen backen.

Für die Rahmchampignons die Butter erhitzen und darin die Zwiebel goldgelb anschwitzen. Die Champignons dazugeben und alles gut vermengen.

In einem hohen Topf reichlich Wasser zum Kochen bringen. Dann die Temperatur so weit reduzieren, dass das Wasser nur noch köchelt, etwas Salz hineingeben und den Spargel darin 12 Minuten garen. Anschließend abtropfen lassen.

Die Champignons erneut erhitzen, die geschlagene Sahne sowie den Schnittlauch unterheben und alles mit Salz und Pfeffer abschmecken.

Die »Flädla« ausbreiten und je zwei bis drei Spargelstangen darauflegen. Die »Flädle« zusammenrollen und je zwei auf jedem Teller anrichten. Einen Löffelvoll von den Chamignons auf jede Portion geben und servieren.

Albleisa mit Spätzla und Soidawirscht

Alblinsen mit Spätzle und Wiener Würstchen

Für 4 Portionen
Zubereitungszeit: 45 Minuten

40 g Butter
1 mittelgroße Zwiebel, in feine Würfel
geschnitten
40 g Weizenmehl (Type 405)
½ Karotte, geschält und in feine
Würfel geschnitten
400 g Linsen, bevorzugt Alblinsen
½ Knoblauchzehe, in feine Würfel
geschnitten
1 Msp. gemahlene Wacholderbeeren
1 TL Tomatenmark
5 EL Balsamicoessig
75 g Räucherspeck, in feine Würfel
geschnitten
Salz und Pfeffer

Für die Spätzle
250 g Weizenmehl (Type 405)
4 Eier
Salz

4 Paar Saitenwürste (Wiener Würstchen)
5 EL Butter, plus etwas für die Spätzle
5 EL Semmelbrösel

In einem Topf die Butter erhitzen und darin die Zwiebel goldbraun anschwitzen. Das Mehl untermischen. Nach und nach 1 l Wasser einrühren, dann die Mischung aufkochen lassen. Dann die Temperatur reduzieren, die Karotte und die Linsen hinzufügen und alles 25 Minuten köcheln lassen. Nach Ende der Kochzeit den Knoblauch, die Wacholderbeeren, das Tomatenmark, den Balsamicoessig und den Räucherspeck einrühren. Alles mit Salz und Pfeffer abschmecken.

Für die Spätzle das Mehl und die Eier in eine große Schüssel geben und alles mit einem Kochlöffel zu einem glatten, blasigen Teig verschlagen. Mit Salz würzen.

In einem großen Topf gesalzenes Wasser zum Kochen bringen. Den Spätzleteig auf einem Holzbrett flach drücken und dann mithilfe eines Schabers in feinen Streifen ins Wasser streichen. Die Spätzle einige Minuten garen, dann mit einem Schaumlöffel herausnehmen und in kaltem Wasser abschrecken.

Die Saitenwürste in das noch heiße Spätzlewasser geben und erhitzen. In einem Topf die Butter erhitzen und darin die Semmelbrösel zusammen mit etwas Salz schön anbräunen. Die Spätzle mit etwas Butter und 1 EL Wasser in einem Topf heiß werden lassen und mit Salz und Pfeffer würzen. In eine Servierschüssel geben und mit der Bröselbutter garnieren. Die Linsen portionsweise auf Tellern anrichten und je ein Paar Saitenwürste darauf platzieren. Die Spätzle separat servieren.

Schwäbischer Zwiebelroschtbroda

Schwäbischer Zwiebelrostbraten

Für 4 Portionen
Zubereitungszeit: 30 Minuten

4 Stücke Rinderrücken à 200 g
Salz und Pfeffer
Öl zum Braten und Frittieren
4 Zwiebeln, in dünne Scheiben geschnitten
¼ l Bratensauce

Den Backofen auf 150 °C (Umluft) vorheizen. Die Fleischstücke gut mit Salz und Pfeffer würzen.
In einer Pfanne etwas Öl stark erhitzen und darin alle Fleischstücke rundherum scharf anbraten.

Die Rinderrückenstücke auf einen Gitterrost legen und im Backofen 12 Minuten garen. Dann den Ofen
ausschalten. Die Ofentür 30 Sekunden öffnen und danach wieder schließen.

In einer tiefen Pfanne reichlich Öl erhitzen und darin die Zwiebelscheiben langsam goldbraun frittieren.
Anschließend mit einem Schaumlöffel aus dem Öl heben, auf Küchenpapier abtropfen lassen und salzen.

Die Bratensauce erhitzen. Die Bratenstücke in Scheiben schneiden und auf Tellern anrichten. Mit der
Sauce beträufeln, mit den gerösteten Zwiebeln bestreuen und sofort servieren.

🌹 Dieser Klassiker wird am besten durch Käsespätzle (siehe Seite 130) oder Bratkartoffeln
ergänzt. Je nach Region mögen manche die Zwiebeln geschmälzt, andere lieber geröstet.

Achten Sie immer darauf, wo das Fleisch herkommt. Leider ist das Gericht in vielen Gasthöfen inzwischen nur noch dem Namen nach schwäbisch. Da wir in der »Rose« seit Jahren nur noch ganze Tiere
verwerten, können wir keinen Zwiebelrostbraten mehr anbieten, da das Tier bekanntlich nicht nur aus
Rücken und Filet besteht.

Aus Bayern

Ich wage zu behaupten, dass die bayrische Küche ohne ihre zahlreichen Fleischgerichte nicht dieselbe wäre. Schweinshaxn oder Spanferkel sind für mich nicht mehr aus Wirtshäusern und Biergärten weg-zudenken. Das Münchner Weißwurstfrühstück als wohl bekanntestes bayrisches Schmankerl sowieso nicht. Die Fleischqualität ist mir dabei das allerwichtigste und die Rechnung ist ganz simpel: ohne sehr gute Zutaten kein sehr gutes Gericht. Nehmen Sie sich diesen Tipp ganz besonders zu Herzen: Kaufen Sie qualitativ hochwertiges Fleisch, schätzen Sie es wert und gehen sie in der Küche sorgfältig damit um. Ihre Gäste werden Sie mit nicht nur einem anerkennenden Blick belohnen, während sie sich Schweinebraten oder Schnitzel schmecken lassen. Guten Appetit!

Flusskrebse mit Tomate und Kerbel

Flusskrebse mit Tomate und Kerbel

Für 4 Personen
Zubereitungszeit: 30 Minuten

½ Karotte
½ gelbe Karotte
1 Stange Sellerie
50 g Zuckerschoten
Salz
100 g Datteltomaten
50 g gelbe Kirschtomaten
1 Knoblauchzehe
1 Stück Ingwer (etwa 0,5 cm)
1 Bund Kerbel
400 g Flusskrebsfleisch (gegart und ohne Schale)
200 ml Krustentierfond oder -sauce (aus dem Glas)
1 TL frisch gehackter Zitronenthymian
1 TL frisch gehackter Rosmarin
frisch gemahlener schwarzer Pfeffer
Chiliflocken

Das Gemüse waschen, putzen und in kleine Stücke oder Scheiben schneiden. Nacheinander in Salzwasser etwa 2 Minuten blanchieren und in Eiswasser abschrecken. Anschließend gut abtropfen lassen und beiseitestellen. Die Tomaten waschen, halbieren und ebenfalls beiseitestellen. Den Knoblauch abziehen und in Scheiben schneiden. Den Ingwer schälen und in drei Scheiben schneiden. Den Kerbel waschen, trockenschütteln und klein hacken.

Eine beschichtete Pfanne erwärmen und das Krebsfleisch, Knoblauch und Ingwer bei geringer Temperatur ganz kurz anbraten, danach das vorbereitete Gemüse sowie die Tomaten dazugeben. Mit Krustentierfond ablöschen. Kerbel, Zitronenthymian und Rosmarin dazugeben und die Sauce etwas reduzieren lassen. Mit Salz, Pfeffer und Chiliflocken abschmecken und servieren.

Auf die Temperatur achten! Das Krebsfleisch verträgt beim Anbraten keine hohe Hitze, da es sonst durchgart, hart und zäh wird. Sie können auch lebende Flusskrebse kaufen und diese in Salzwasser etwa 2 Minuten kochen. Dann das Fleisch auslösen.

Heuforelle
Forelle in Heu gedämpft

Für 2 Personen
Zubereitungszeit: 15 Minuten plus 20 Minuten Garen

2 Bachforellen (küchenfertig; à etwa 300 g)
Salzflocken
frisch gemahlener schwarzer Pfeffer
1 unbehandelte Zitrone
1 unbehandelte Limette
4 Zweige Zitronenthymian
4 Stängel Dill
5 Handvoll frisches Heu
Olivenöl zum Beträufeln
Wildkräuter zum Garnieren

Die Forellen säubern und trockentupfen, mit Salz und Pfeffer bestreuen. Zitrone und Limette abwaschen und mit Schale in Scheiben schneiden. Die Fische mit Zitronenthymian, Dill, Zitronen- und Limettenscheiben füllen.

Den Backofen auf 180° C (Ober-/Unterhitze) vorheizen.

Alufolie ausbreiten, darauf aus der Hälfte des Heus ein Heubett bereiten und 1 Forelle auf das Heu legen. Mit Olivenöl beträufeln. Die Alufolie an den Seiten hochziehen, sodass über der Forelle ein Hohlraum entsteht, und verschließen. Mit der zweiten Forelle entsprechend vorgehen. Die Forellen etwa 20 Minuten im Backofen garen.

Die fertigen Forellen von der Folie, dem Heu und der Haut befreien, filetieren und mit Wildkräutern garniert servieren.

 Dazu passen Salzkartoffeln oder kleine Pellkartoffeln in Nussbutter geschwenkt.

Steckerlfisch vom Grill
Gegrillte Makrele am Spieß

Für 4 Personen
Zubereitungszeit: 15 Minuten plus 20 Minuten Marinieren

8 Makrelenfilets
Salz
frisch gemahlener schwarzer Pfeffer
2 Zweige Rosmarin
1–2 EL Olivenöl
16 lange Holzspieße

Die Makrelen säubern und von eventuell vorhandenen Gräten befreien. Die Filets der Länge nach halbieren, sodass aus jedem Filet zwei Streifen entstehen. Die Fischstreifen mit etwas Salz und Pfeffer bestreuen. Rosmarin in Olivenöl einlegen und die Filets darin etwa 20 Minuten marinieren.

Anschließend die Makrelen auf Holzspieße stecken und für etwa 5 Minuten auf den heißen Grill legen.

 Behalten Sie die Filets beim Grillen im Auge. Wenn der Grill heiß ist, sind sie sehr schnell fertig.

Hecht mit Roter Bete und Radi

Hecht mit Roter Bete und Rettich

Für 4 Personen
Zubereitungszeit: 25 Minuten

4 Hechtfilets (à etwa 150 g)
Salz
frisch gemahlener schwarzer Pfeffer
Olivenöl zum Anbraten
½ unbehandelte Zitrone
1 EL Puderzucker
250 ml Rote-Bete-Saft
200 ml Rotwein
1 Zweig Rosmarin
Stärke zum Abbinden
Cayennepfeffer
1 EL kalte Butter
etwa 100 g Rettich
2 gekochte und geschälte Rote Beten
1 Handvoll Wildkräuter

Den Backofen auf 120 °C (Ober-/Unterhitze) vorheizen.

Die Hechtfilets mit Salz und Pfeffer bestreuen und in einer vorgewärmten Pfanne mit etwas Öl auf der Hautseite anbraten. Filets kurz wenden, aus der Pfanne nehmen und auf einem Backblech im Ofen in etwa 8 Minuten fertig garen.

In der Zwischenzeit die Zitrone waschen und Schale abreiben. Für die Sauce einen Topf erhitzen und den Puderzucker darin karamellisieren lassen. Mit Rote-Bete-Saft und Rotwein ablöschen. Zitronen-abrieb und Rosmarin dazugeben, alles auf die Hälfte einköcheln lassen. Die Stärke mit wenig kaltem Wasser anrühren und die Sauce leicht abbinden. Mit Salz, Pfeffer und Cayennepfeffer abschmecken. Zum Schluss in die Sauce die kalte Butter einrühren und den Rosmarinzweig entfernen.

Den Rettich schälen, in mundgerechte Stücke schneiden und 2 Minuten in kochendem Wasser blanchieren.

Die Roten Beten in Scheiben schneiden und mit der Sauce in vorgewärmten tiefen Tellern anrichten. Das Hechtfilet daraufsetzen. Warmen Rettich um den Hecht herum verteilen und servieren. Mit Wildkräutern garnieren.

Die eingerührte Butter gibt der Rote-Bete-Sauce zusätzliche Bindung und Glanz. Zusätzlich passt Weißweinsauce.

Resches Wammerl mit Kartoffeln
Knuspriger Schweinebauch mit Kartoffeln

Für 6–8 Personen
Zubereitungszeit: 2 Stunden 20 Minuten

1,5–2 kg magerer Schweinebauch mit Schwarte
2 Zwiebeln
2 Karotten
1 TL Puderzucker
1 EL Tomatenmark
500 ml Kalbsfond (aus dem Glas)
Salz
frisch gemahlener schwarzer Pfeffer
frisch gemahlener Kümmel
etwa 15 kleine festkochende Kartoffeln
200 g klein gehackte Schweineknochen
500 ml dunkles Bier

Die Schweinebauchschwarte mit einem scharfen Messer im Abstand von etwa 0,5 cm einritzen. Die Zwiebeln abziehen und in Spalten schneiden. Karotten schälen und in Scheiben schneiden. Einen Bräter erhitzen, Puderzucker darin karamellisieren lassen und das Gemüse kurz darin anschwitzen. Das Tomatenmark dazugeben, ebenfalls etwas anschwitzen und das Ganze mit dem Kalbsfond ablöschen.

Den Backofen auf 160 °C Grad (Ober-/Unterhitze) vorheizen.

Den Schweinebauch mit Salz, Pfeffer und Kümmel bestreuen und mit der Schwarte nach unten in den Bräter legen. Die Kartoffeln waschen, halbieren und mit Schale im Bräter verteilen. Knochen ebenfalls in den Bräter geben.

Das Wammerl nun für etwa 2 Stunden in den Backofen schieben. Nach etwa 30 Minuten wenden. In der letzten Stunde die Kruste immer wieder mit Bier übergießen. Gegen Ende der Backzeit den Backofen auf 200 °C Oberhitze stellen und die Schwarte kross grillen. Die Knochen herausnehmen und das Wammerl aufgeschnitten im Reindl (Bräter) servieren.

 Statt der mitgebackenen Kartoffeln passen auch Kartoffelknödel oder einfach frisches Bauernbrot.

Böfflamott mit Rübchen

Geschmorte Rinderschulter mit Rübchen

Für 6–8 Personen
Zubereitungszeit: 3 Stunden 45 Minuten

1,5 kg Rinderschulter
Salz
frisch gemahlener schwarzer Pfeffer
Sonnenblumenöl zum Anbraten
1 Karotte
1–2 Zwiebeln
1 TL Puderzucker
1 EL Tomatenmark
500 ml Rotwein
1,2 l Rinderbrühe
1–2 Tomaten
1 kleines Stück Ingwer
½ unbehandelte Orange
10 Pfefferkörner

2 Lorbeerblätter
4 Wacholderbeeren
1 Vanilleschote, Mark ausgekratzt
    und anderweitig verwendet

Für das Gemüse
¼ Rettich
1 Weiße Rübe
8 Radieschen
Butter zum Schwenken
2 EL gehackte Petersilie
Chilisalz
Thymian zum Garnieren

Die Rinderschulter mit Salz und Pfeffer bestreuen und in einem Schmortopf mit etwas Öl kräftig anbraten. Die Karotte schälen und würfeln, Zwiebeln abziehen und ebenfalls würfeln.

Das Fleisch aus dem Topf nehmen. Den Puderzucker im Topf karamellisieren lassen, dann Karotte und Zwiebeln dazugeben. Das Tomatenmark kurz mit anschwitzen und zügig mit einem Drittel des Rotweins ablöschen. Den Saucenansatz einkochen lassen und erneut mit einem weiteren Drittel des Rotweins aufgießen. Noch einmal reduzieren lassen. Diesen Vorgang so oft wiederholen, bis der Rotwein aufgebraucht ist.

Den Backofen auf 150 °C (Ober-/Unterhitze) vorheizen. Rinderschulter in den Topf geben und mit Brühe aufgießen. Tomaten waschen und würfeln, Ingwer schälen und eine 2 mm dicke Scheibe abschneiden. Orange schälen und zwei etwa 4 cm breite Schalenstücke abschneiden. Tomaten, Ingwer und Orange mit den Gewürzen in den Topf geben, Deckel auflegen und das Böfflamott im Ofen etwa 3 Stunden schmoren, dabei immer wieder wenden.

In der Zwischenzeit für das Gemüse den Rettich und die Weiße Rübe schälen, beides in kleinere Stücke schneiden. Die Blätter der Radieschen abschneiden, es soll aber noch etwa 1 cm Grün stehenbleiben. Das Gemüse nacheinander in Salzwasser blanchieren und in Eiswasser abschrecken. Dann in einer kleinen Pfanne mit etwas Butter anschwenken, Petersilie dazugeben und mit Chilisalz abschmecken.

Zum Schluss das Fleisch aus dem Topf nehmen, etwas ruhen lassen, die Sauce durch ein feines Sieb passieren. Das Fleisch aufschneiden, mit Gemüse und Sauce und mit Thymian garniert servieren.

Schweinsbraten mit Kartoffelknödel
Schweinebraten mit Kartoffelknödeln

Für 6–8 Personen
Zubereitungszeit: 2 Stunden 15 Minuten

1,5 kg Schweineschulter (oder Schweinehals) mit Schwarte, ohne Knochen
Salz
frisch gemahlener schwarzer Pfeffer
frisch gemahlener Kümmel
Sonnenblumenöl zum Braten
1 Zwiebel
2 Karotten
etwa 500 ml Kalbsfond (aus dem Glas)
1 Knoblauchzehe
1 Stück Ingwer (etwa 0,5 cm)
etwa 500 ml dunkles Bier

Die Schwarte des Fleischs mit einem scharfen Messer rautenförmig einschneiden und das Fleisch mit Salz, Pfeffer und Kümmel großzügig bestreuen. Einen Bräter vorheizen, etwas Öl hineingeben und die Schweineschulter darin von allen Seiten kräftig anbraten.

Die Zwiebel abziehen, Karotten schälen. Beides klein schneiden und im Bräter verteilen.

Den Backofen auf etwa 150 °C (Ober-/Unterhitze) vorheizen.

Die Schweineschulter und das Gemüse mit Kalbsfond aufgießen. Knoblauch abziehen, Ingwer schälen und je 2 dünne Scheiben abschneiden. Beides zum Fleisch geben und den Bräter für etwa 2 Stunden in den Backofen schieben. Den Braten immer wieder mit etwas Bier übergießen.

In der Zwischenzeit die Kartoffelknödel zubereiten und mit dem Braten servieren.

Münchner Schnitzel mit Kren und süßem Senf

Münchner Schnitzel mit Meerrettich und süßem Senf

Für 4 Personen
Zubereitungszeit: 20 Minuten

4 Schweineschnitzel (à 130 g)
Salz
frisch gemahlener schwarzer Pfeffer
Mehl zum Mehlieren
Öl zum Braten

Für die Panade
100 g süßer Senf
100 g Tafelmeerrettich (aus dem Glas)
100 g frisch geriebener Parmesan
4 Eier
40 Semmelbrösel

Die Schweineschnitzel mit Salz und Pfeffer bestreuen, danach in Mehl wenden und überschüssiges Mehl abklopfen.

Süßen Senf, Meerrettich, Parmesan, Eier und Semmelbrösel vermengen und die Schnitzel mit der Panade ummanteln.

In einer vorgeheizten beschichteten Pfanne die Schnitzel bei mäßiger Temperatur in etwas Öl langsam von beiden Seiten anbraten.

Das Münchner Schnitzel mit frischem Gartensalat, Zitronenspalten und frisch geriebenem Meerrettich servieren.

Desserts

Aus Norddeutschland

Eine feine Nachspeise ist die Krönung eines jeden Hauptgangs. Wir Norddeutschen essen gerne Süßes, egal ob kalt oder warm. Milchreis mit Malzbier zum Beispiel habe ich als Kind bei meiner Oma Philine auf dem Bauernhof im Sommer oft gegessen. Wenn es sommerlich heiß ist, schmeckt es fantastisch und erfrischend. Das Malzbier muss aber wirklich eiskalt sein! Pott ist auch etwas Köstliches (meine Kinder lieben ihn mit Süßer Suppe und Zucker), ebenso der Dicke Jan. Warum er aber so heißt, weiß niemand – „Mehlpudding" war wohl zu langweilig!

Waffeln mit Vanillecreme

Waffeln mit Vanillecreme

Für 4–6 Personen
Zubereitungszeit: 40 Minuten

Für die Waffeln
6 Eier
600 g Mehl
500 ml Milch
150 g Zucker
2 Pck. Vanillezucker

Für die Vanillecreme
2 Pck. Vanillepuddingpulver zum Kochen
1,2 l Milch
125 g Butter, mehr für das Waffeleisen
5 EL Zucker

Für die Waffeln alle Zutaten zu einem glatten Teig verrühren und einige Minuten bei Zimmertemperatur ruhen lassen.

Inzwischen für die Vanillecreme aus dem Puddingpulver und der Milch einen Pudding nach Packungsanweisung zubereiten (die hier verwendete Milchmenge ist etwas höher als auf der Packung angegeben, um eine flüssigere Konsistenz zu erhalten). Die Butter zerlassen und zusammen mit dem Zucker unter den Pudding mischen. Kräftig mit dem Handrührgerät durchrühren, damit keine Klümpchen entstehen.

Nacheinander Waffeln im heißen, gefetteten Waffeleisen backen und mit der lauwarmen Vanillecreme bestreichen.

Friesische Festtagscreme

Friesische Festtagscreme

Für 4–6 Personen
Zubereitungszeit: 10 Minuten plus maximal 1 Stunde zum Kühlen

6 Eigelb
100 g Zucker
1 Pck. Vanillezucker
3 EL Rum
500 ml gut gekühlte Sahne

In einer Rührschüssel das Eigelb und den Zucker mit dem Handrührgerät auf höchster Stufe schaumig rühren. Den Vanillezucker und den Rum dazugeben und unterrühren. Die Sahne steif schlagen und vorsichtig unterheben. Die Creme kurz kühl stellen (höchstens 1 Stunde).

⚓ Rührt man aufgelöste Gelatine unter die Eiermasse, bleibt die Creme länger fest.

Milchreis mit Malzbier
Milchreis mit Malzbier

Für 4–6 Personen
Zubereitungszeit: 30 Minuten plus einige Stunden zum Fertiggaren

2 l Milch
1 Prise Salz
375 g Milchreis
sehr kaltes Malzbier

In einem Topf die Milch mit dem Salz mischen und den Milchreis einrieseln lassen. Alles zum Kochen bringen, gut umrühren und 20 Minuten köcheln lassen, dann den Milchreis vom Herd nehmen. Einen Deckel auf den Topf legen, den Topf mit einem dicken Badehandtuch umwickeln, ins Bett legen und schön zudecken (am besten wie zu Großmutters Zeiten mit einem dicken Daunenbett). So kann der Milchreis noch mehrere Stunden weitergaren, wird schön cremig und bleibt warm. Zum Servieren auf tiefe Teller verteilen und mit kaltem Malzbier umgießen.

⚓ Ein ideales Essen, wenn mittags keine Zeit zum Kochen ist: Den Milchreis morgens schnell zubereiten und ins Bett stecken – dort „kocht" er von selbst, bis sich die hungrige Familie um den Mittagstisch versammelt. Schmeckt zu jeder Jahreszeit, vor allem aber an heißen Sommertagen!

Fliedersupp mit Klümp
Fliederbeersuppe mit Grießklößen

Für 4–6 Personen
Zubereitungszeit: 30 Minuten

Für die Suppe
1,5 l Fliederbeersaft (Holundersaft)
2–3 EL Maisstärke
½ säuerlicher Apfel
Zucker oder Honig (Menge nach Geschmack)

Für die Klöße
600 ml Milch
250 g Grieß für Süßspeisen
1 Ei
1 Prise Salz

Für die Suppe den Fliederbeersaft andicken. Dazu 1 Tasse des Saftes abnehmen und mit der Maisstärke glatt rühren. Die angerührte Stärke in den restlichen Saft rühren und aufkochen lassen. Den Apfel schälen, klein würfeln und in die Suppe geben. Mit Zucker oder Honig abschmecken. Warm stellen.

Für die Klöße in einem Topf die Milch zum Kochen bringen. Den Grieß unter kräftigem Rühren einrieseln lassen. Das Ei und das Salz hinzufügen und unterrühren. Etwas abkühlen lassen, dann aus der Grießmasse nach Belieben mit den Händen Klößchen formen oder von der Masse Stücke abstechen und in die heiße Suppe geben. Die Klößchen sind gar, wenn sie obenauf schwimmen.

⚓ Diese Suppe ist ein probates Hausmittel bei Erkältungskrankheiten, denn die blau-schwarzen Beeren (bei uns im Norden heißen sie Fliederbeeren, im Süden Holunderbeeren) enthalten viel Vitamin C.

Dicker Jan

Mehlpudding

Für 4–6 Personen
Zubereitungszeit: 10 Minuten plus 2 Stunden zum Kochen

10 Eier (Größe M)
600 ml Milch
400–500 g Mehl
1 Prise Salz

In einer Schüssel alle Zutaten zu einem glatten Teig verrühren. In eine hohe kochfeste Puddingform mit Deckel geben und verschließen. Einen großen Topf mit etwas Wasser füllen und die Puddingform hineinstellen (sie soll nur etwa bis zur Hälfte im Wasser stehen). Den Pudding darin 2 Stunden kochen. Dann die Form herausnehmen und den Dicken Jan auf einen großen Teller stürzen.

Friesentorte

Friesentorte

Für 12 Stück
Zubereitungszeit: 20 Minuten plus 20–30 Minuten zum Backen

300 g Blätterteig (TK-Ware)
1 Eigelb
5 TL Zucker
350 g Pflaumenmus
500 ml gut gekühlte Sahne

Den Blätterteig ausbreiten und auftauen lassen. Anschließend zwei gleich große, runde Böden aus-
schneiden. Dazu eine Springform auf den Teig legen und mit einem scharfen Messer außen herum
schneiden.

Einen Teigboden mit dem verquirlten Eigelb bestreichen, mit 4 TL Zucker bestreuen und in zwölf
gleich große Stücke teilen. Diese auf ein Backblech legen und im vorgeheizten Backofen bei 220 °C
10–15 Minuten backen. Abkühlen lassen. Den zweiten, nicht zerteilten Teigboden ebenso backen
und abkühlen lassen.

Die nicht zerteilte Teigplatte mit dem Pflaumenmus bestreichen. Die Sahne steif schlagen und den restlichen Zucker hinzufügen. Auf dem Pflaumenmus verteilen. Die zwölf gebackenen Stücke vorsichtig auf
die Sahne legen und leicht andrücken.

Rhabarberkuchen vom Blech

Rhabarberkuchen vom Blech

Für 6–8 Personen
Zubereitungszeit: 20 Minuten plus 30–40 Minuten zum Backen

Für den Teig
160 g Margarine, mehr für das Blech
130 g Zucker
300 g Mehl
1 Pck. Backpulver
4 Eigelb

Für den Belag
4–5 Stangen Rharbarber
4 Eiweiß
300 g Zucker

Für den Teig alle Zutaten verkneten, ausrollen und auf ein gefettetes Backblech legen (oder den Teig direkt auf dem Blech ausrollen).

Für den Belag den Rharbarber waschen, schälen und in etwa 3 cm große Stücke schneiden. Das Eiweiß mit dem Zucker sehr steif schlagen und mit dem Rharbarber vermischen. Auf dem Teig verteilen und den Kuchen im vorgeheizten Backofen bei 150–160 °C 30–40 Minuten backen.

Bienenstich

Bienenstich

Für 12 Stück
Zubereitungszeit: 30 Minuten plus 20 Minuten zum Backen

Für den Teig
4 Eier
200 g Zucker
100 g Mehl
½ Pck. Backpulver
200 g Mandelblätter
80 g Butter, mehr für die Form

Für die Füllung
1 Pck. Vanillepuddingpulver zum Kochen
400 ml gut gekühlte Sahne

Für den Teig in einer Schüssel die Eier mit dem Zucker schaumig schlagen. Das Mehl mit dem Back-pulver mischen, darübersieben und unterrühren. Den Teig in eine gefettete Springform geben und die Mandelblätter darüberstreuen. Die Butter in Flöckchen darauf verteilen. Im vorgeheizten Backofen (Ober-/Unterhitze) bei 150 °C etwa 20 Minuten backen. Herausnehmen und auskühlen lassen.

Inzwischen für die Füllung einen Pudding nach Packungsanweisung zubereiten und die Sahne steif schlagen. Die Sahne mit dem abgekühlten Pudding vermischen.

Den ausgekühlten Teig einmal waagerecht durchschneiden und den Boden mit der Vanillecreme be-streichen. Den Deckel mit der Mandelkruste oben auflegen.

Isenkoken

Knusprige Waffeln

Für 4–6 Personen
Zubereitungszeit: etwa 40 Minuten plus 12 Stunden zum Kühlen

6 Eier
500 g Mehl
500 g Zucker
375 g flüssige Butter
etwa 300 ml Milch

Außerdem
1 Scheibe geräucherte Speckschwarte
gut gekühlte Sahne, nach Belieben

Für den Teig alle Zutaten in einer Schüssel gut verrühren und für 12 Stunden (am besten über Nacht) kühl stellen.

Am nächsten Tag ein Waffeleisen mit der Speckschwarte einreiben, erhitzen und 1–2 TL Teig daraufgeben. Die Waffel goldbraun backen, dann noch heiß um einen Holzlöffelstiel wickeln oder mit der Gabel zu einer kleinen Tüte oder Rolle formen. Mit dem restlichen Teig ebenso verfahren.

Nach Belieben etwas Sahne steif schlagen und dazureichen oder die Waffeln damit füllen.

Pai
Mürbeteig mit Pflaumenmus

Für 6–8 Personen
Zubereitungszeit: 30 Minuten plus 35 Minuten zum Backen

Für den Teig
500 g Mehl
1 Pck. Backpulver
250 g Butter, mehr für das Blech
125 g Zucker
1 Ei

Für den Belag
200 g Pflaumenmus
1 Eigelb
2 EL Milch

Für den Teig alle Zutaten mit etwas Wasser vermengen und mit den Händen kräftig verkneten. Etwa drei Viertel des Teiges auf einem gefetteten Backblech ausrollen und mit dem Pflaumenmus bestreichen. Den restlichen Teig ebenfalls ausrollen und mit einem Teigrädchen in Streifen schneiden. Diese gitterförmig auf dem Pflaumenmus anordnen.

Das Eigelb mit der Milch verquirlen und das Teiggitter damit bestreichen. Den Kuchen im vorgeheizten Backofen bei 180 °C 35 Minuten backen.

Aus Schwaben

Nach dem Essen muss etwas Süßes her – zumindest, wenn es nach mir geht. Bei uns gibt es in jeder Jahreszeit die passende Nachspeise: Im Herbst und Winter halten die eingelagerten Äpfel her. Dann gibt es »Ofaschlupfer« (siehe Seite 182) oder Apfelküchle. Im Sommer wird »Kirschmichel«, ein Brotauflauf mit Kirschen, gebacken, oder Rhabarber eingekocht und mit Grießschnitten serviert (siehe Seite 186).

Ofaschlupfer
Schwäbischer Brotauflauf

Für 4 Portionen
Zubereitungszeit: 40 Minuten

1 Apfel, vom Kerngehäuse befreit und fein geraspelt
125 ml süße Sahne
1 Ei
125 g Quark
1 Msp. gemahlene Vanille
2 EL Honig
Butter für die Form
250 g Hefezopf mit Rosinen, in grobe Würfel geschnitten
Puderzucker

Den Backofen auf 190 °C (Ober- und Unterhitze) vorheizen. In einer Schüssel die Apfelraspel gründlich mit der Sahne, dem Ei, dem Quark, der Vanille und dem Honig vermischen.

Eine Auflaufform sorgfältig mit Butter einfetten. Zuerst eine Schicht von dem gewürfelten Hefezopf in die Form geben, dann diese mit etwas von der Apfelmasse bedecken. Im Wechsel so weiterschichten, bis alle Zutaten verbraucht sind.

Den Auflauf in den heißen Backofen schieben und 30 Minuten backen. Dann den Ofenschlupfer herausnehmen, mit Puderzucker bestauben und servieren.

Traditionell wird der »Ofaschlupfer« mit Vanillesauce gegessen. Und bei uns Schwaben besonders wichtig: mit ganz viel davon!

Kratzete mit Himbeergsälz
Pfannkuchen mit Himbeerkonfitüre

Für 4 Portionen
Zubereitungszeit: 1 Stunde

Für die Konfitüre
750 g frische Himbeeren
150 g Gelierzucker
abgeriebene Schale von ½ unbehandelten Limette

Für das »Kratzete«
3 Eier
250 g Weizenmehl (Type 405)
1 TL Backpulver
250 ml Milch
50 ml süße Sahne
4 EL Zucker
4 EL Butter
Puderzucker

In einem Topf die Himbeeren langsam erhitzen. Den Gelierzucker und den Limettenabrieb unterrühren und alles 20 Minuten köcheln lassen. Anschließend die dickflüssige Konfitüre in ein Gefäß füllen und mindestens 30 Minuten im Kühlschrank fest werden lassen.

In der Zwischenzeit in einer großen Schüssel die Eier, das Mehl, das Backpulver, die Milch, die Sahne und den Zucker sorgfältig zu einem glatten Teig verrühren. In einer Pfanne die Butter erhitzen. Den Teig hineingeben und bei niedriger Temperatur stocken lassen.

Die Masse mit dem Pfannenwender zerstückeln und die Stücke ständig wenden, damit sie von allen Seiten schön knusprig werden und eine gute Farbe bekommen. Das »Kratzete« auf Teller verteilen, mit Puderzucker bestauben und mit der Himbeerkonfitüre servieren.

🌹 Statt Himbeeren können Sie für die Konfitüre auch Erdbeeren oder jede andere Frucht verwenden. Ich liebe »Kratzete« mit einer Kugel Vanilleeis zusätzlich.

Grießschnitta mit Rhabarberkompott

Grießschnitten mit Rhabarberkompott

Für 4 Portionen
Zubereitungszeit: 40 Minuten, plus 1 Stunde zum Kühlen

2 EL Zucker
400 g frischer Rhabarber, geschält und in kleine Stücke geschnitten
2 Sternanis
2 Msp. gemahlene Vanille
1 TL Honig
500 ml Milch
10 g Butter
1 Prise Salz
125 g Maisgrieß
2 Eier
Mehl
Semmelbrösel
Butter
Zucker

In einem großen Topf den Zucker erhitzen und goldbraun karamellisieren lassen. Den Rhabarber untermischen. Den Sternanis, die Vanille und den Honig einrühren und alles 10 Minuten kochen, bis der Rhabarber weich ist. Das Kompott vom Herd nehmen.

Ein Kuchenblech mit Klarsichtfolie auslegen. In einem Topf die Milch, die Butter und das Salz zum Kochen bringen, dann nach und nach den Grieß hinzufügen und rühren, bis die Masse andickt. Den Topf vom Herd nehmen und mit einem Schneebesen eines der beiden Eier zügig unter die Masse rühren. Die Grießmasse gleichmäßig auf dem Blech verteilen und sofort in den Kühlschrank stellen. Sobald die Masse gut ausgekühlt ist, in vier gleich große Stücke schneiden.

Je einen Teller mit Mehl und Semmelbröseln bereitstellen. Das zweite Ei in einer Schale verquirlen. Die Grießschnitten nacheinander im Mehl wenden, durch das Ei ziehen und in den Semmelbröseln panieren. In einer Pfanne die Butter erhitzen und etwas Zucker darin schmelzen lassen. Die Schnitten hineingeben und von beiden Seiten goldbraun braten. Auf Tellern anrichten und zusammen mit dem Rhabarberkompott servieren.

🌹 Zu den Grießschnitten schmecken auch frische Beeren und Vanilleeis wunderbar.

Pfitzauf
Schwäbisches Eiergebäck

Ergibt 16 Stück
Zubereitungszeit: 45 Minuten

6 Eier
2 EL Puderzucker, plus mehr zum Bestauben
80 g Butter, zerlassen, plus etwas für die Formen
250 g Weizenmehl (Type 405)
1 Prise Salz
500 ml Milch
2 EL Zucker
400 g frische Kirschen ohne Stein
1 Schuss Sauerkirschlikör oder Kirschwasser

In einer Schüssel die Eier mit dem Puderzucker schaumig rühren. Tönerne Pfitzaufformen oder ofenfeste Tassen mit Butter einfetten und bereitstellen. Den Backofen auf 200 °C (Ober- und Unterhitze) vorheizen.

In einer zweiten Schüssel das Mehl, das Salz und die Milch zu einem glatten Teig verrühren. Die Eier-Puderzucker-Mischung mit einem Schneebesen unterschlagen, dann die flüssige Butter einrühren.

Den Teig mit einer Schöpfkelle so in die Formen füllen, dass diese halbvoll sind. Im heißen Ofen 30–35 Minuten backen, bis der Teig aufgeht und das Gebäck eine schöne goldbraune Farbe annimmt. Während des Backvorgangs den Backofen nicht öffnen!

In der Zwischenzeit den Zucker in einem Topf karamellisieren lassen. Die Kirschen dazugeben und unter Rühren anschwitzen. Dann alles mit dem Likör oder Kirschwasser ablöschen.

Die fertig gebackenen »Pfitzauf« aus dem Ofen nehmen, vorsichtig aus den Formen lösen, mit Puderzucker bestauben und mit den Kirschen servieren.

🌹 Die »Pfitzauf« müssen sofort serviert werden, damit sie nicht zusammenfallen. Man kann sie auch salzig zubereiten und als Beilage servieren.

Schottosoß mit eiglegte Zwetschga
Weinschaumsauce mit eingelegten Zwetschgen

Für 4 Portionen
Zubereitungszeit: 20 Minuten

2 EL Butter
4 EL Zucker
1 TL gemahlener Zimt
500 g frische Zwetschgen, halbiert und entsteint
180 ml Weißwein
2 Eier
1 Eigelb

In einem Topf die Butter erhitzen und darin 1 EL von dem Zucker und den Zimt unter Rühren karamellisieren. Die Zwetschgen untermischen und alles leicht schmoren lassen.

In einem größeren Topf Wasser für ein Wasserbad erhitzen.

Den Weißwein, die beiden Eier und das Eigelb sowie den restlichen Zucker in eine Rührschüssel geben und alles über dem Wasserbad so lange schaumig schlagen, bis die Masse deutlich an Volumen gewinnt und sich verfestigt.

Die Zwetschgen auf Tellern anrichten. Auf jede Portion etwas von der Weißweincreme geben und servieren.

🌹 Anstelle des Weißweins können Sie auch Sekt verwenden.

Der schwäbische Name dieses Desserts leitet sich vom französischen »chaude eau«, heißes Wasser, ab.

Fasnetsküchla

Schwäbische Faschingskrapfen

Für 4 Portionen
Zubereitungszeit: 1 Stunde 30 Minuten

500 g Weizenmehl (Type 405)
½ Würfel Hefe
250 ml lauwarme Milch
2 EL Zucker
2 Eier
1 TL Salz
60 g Butter
Fett zum Frittieren
gemahlener Zimt und Zucker, vermischt, oder Puderzucker zum Bestreuen

Das Mehl in eine Schüssel geben und in die Mitte eine Vertiefung drücken. Die Hefe in die Mulde bröseln und mit etwas von der lauwarmen Milch übergießen. Den Zucker darüberstreuen und das Ganze etwa 15 Minuten gehen lassen. Danach die Eier, das Salz, die Butter und die restliche Milch einarbeiten und alles kräftig durchkneten, bis sich der Teig von der Schüssel löst. Zu einem Ballen formen und abgedeckt an einem warmen Ort etwa 45 Minuten gehen lassen.

Einen großen Topf oder eine Fritteuse zur Hälfte mit dem Frittierfett füllen und dieses auf 170 °C erhitzen.

Den Teig mit einer Teigrolle auf einem Brett fingerdick ausrollen, dann in gleich große Quadrate oder Rauten schneiden. Für ausgezogene Küchle mit einem Glas Kreise von etwa 8 cm ø ausstechen. Die Teiglinge nochmals gehen lassen. Die Küchle behutsam von der Mitte so nach außen auseinanderziehen, ohne Löcher zu reißen, dass ein 2 cm breiter, dickerer Rand stehenbleibt.

Die »Fasnetsküchla« oder ausgezogenen Küchle im heißen Fett goldbraun frittieren. Herausnehmen, auf Küchenpapier abtropfen lassen und mit Zimtzucker oder Puderzucker bestreuen.

🌹 Am allerbesten schmecken »Fasnetsküchla« ganz frisch und heiß!

Hutzlabrot
Schwäbisches Früchtebrot

Ergibt 1 Laib
Zubereitungszeit: 2 Stunden 30 Minuten, plus 1 Nacht zum Einweichen der Früchte

300 g getrocknete Birnen
150 g getrocknete Feigen
150 g getrocknete Zwetschgen
250 g Weizenmehl (Type 405)
20 g Hefe
125 ml lauwarme Brühe
60 g Zucker
¼ TL Salz
1 TL Zimt
¼ TL gemahlene Gewürznelke
abgeriebene Schale von 1 unbehandelten Zitrone
80 g Mandeln, gehackt
80 g Haselnusskerne

Am Vortag die Birnen, die Feigen und die Zwetschgen in 500 ml Wasser einweichen und über Nacht ziehen lassen. Am nächsten Tag in ein Sieb abgießen, das Wasser auffangen und die Früchte in kleine Stücke schneiden.

Das Mehl in eine Schüssel sieben und in die Mitte eine Vertiefung drücken. Die Hefe hineinbröckeln, in der lauwarmen Brühe auflösen und diesen Vorteig 10 Minuten gehen lassen. Anschließend den Zucker, das Salz, den Zimt, die Nelke und den Zitronenabrieb zu der Hefemischung geben, alles zu einem feuchten Teig verarbeiten und diesen weitere 10 Minuten gehen lassen.

Den Backofen auf 180 °C vorheizen. Die Früchte, die Mandeln und die Haselnüsse in den Teig einarbeiten und diesen zu einem länglichen Laib formen. Auf ein Backblech legen oder in eine gefettete Kastenform geben und zugedeckt nochmals 60 Minuten gehen lassen. Anschließend den aufgegangenen Teigling im Ofen 60–90 Minuten goldbraun und knusprig backen.

🌹 Im Winter essen wir »Hutzlabrot« gern mit Butter zum Glühwein oder Punsch. Übrigens lässt sich das »Hutzlabrot« auch wunderbar in ein Honigparfait einarbeiten. Dafür 100 g »Hutzlabrot« in kleine Würfel schneiden. 50 g Honig zusammen mit 1 EL Wasser aufkochen. 2 Eigelb in einer Schüssel mit dem Handrührgerät leicht anschlagen, dann die Honigmasse einrühren. So lange schlagen, bis die Masse kalt ist und an Volumen gewonnen hat. Danach 1 TL Likör nach Wahl und die »Hutzlabrotwürfel« sowie 100 ml geschlagene Sahne unterheben. Das Parfait auf vier Gläser verteilen und über Nacht im Tiefkühlfach gefrieren lassen.

Flachswickel
Schwäbisches Hefegebäck

Ergibt 25 Stück
Zubereitungszeit: 1 Stunde

125 ml Milch
20 g Hefe
150 g Butter
1 Ei
300 g Weizenmehl (Type 405)
1 Prise Salz
Mark von ½ Vanilleschote
1–2 TL Zucker
Hagelzucker

Die Milch erwärmen und die Hefe darin auflösen. In einer großen Rührschüssel die Butter mit dem Rührgerät schaumig schlagen, dann das Ei einarbeiten.

Das Mehl, das Salz, das Vanillemark, den Zucker und die Milch-Hefe-Mischung zu dem Butter-Ei-Gemisch geben und alles zu einem glatten Teig verkneten. Diesen etwa 30 Minuten gehen lassen. Er sollte nicht zu stark aufgehen, damit die »Flachswickel« etwas mürbe bleiben.

Den Backofen auf 175 °C (Ober- und Unterhitze) vorheizen. Etwas Teig aus der Schüssel nehmen und mit der Hand auf der Arbeitsfläche zu fingerdicken Würsten rollen. Die Stränge mittig zusammenlegen und die Enden miteinander verschlingen.

Den Hagelzucker in einen tiefen Teller geben und die »Flachswickel« mit einer Seite leicht in den Zucker drücken. Auf einem mit Backpapier belegten Backblech platzieren und etwa 20 Minuten goldbraun backen.

🌹 Rollen Sie die Stränge lieber etwas dünner, denn die »Flachswickel« gehen im Backofen noch weiter auf.

Käskucha

Käsekuchen

Für 1 Springform (28 cm ø)
Zubereitungszeit: 2 Stunden

Für den Teig
225 g Weizenmehl (Type 405)
1 Msp. Backpulver
75 g Butter
100 g Zucker
3 Eigelb

Für den Belag
750 ml Milch
120 g Speisestärke
Mark von 1 Vanilleschote
250 g Zucker
1 kg Magerquark
abgeriebene Schale von ½ unbehandelten Zitrone
4 Eiweiß
1 Prise Salz
1 Eigelb, mit 1 EL Milch verquirlt, zum Bestreichen

Das Mehl und das Backpulver in eine Schüssel sieben. Die Butter, den Zucker und das Eigelb dazugeben und alles zu einem glatten Mürbeteig verkneten. Diesen abgedeckt 30 Minuten kühlen. Den Backofen auf 220 °C (Ober- und Unterhitze) vorheizen.

Den gekühlten Teig ausrollen, auf dem Boden einer gefetteten Springform verteilen und am Rand ein wenig hochziehen. Im heißen Ofen etwa 10 Minuten goldbraun backen. Herausnehmen und die Backofentemperatur auf 160 °C reduzieren.

Für den Belag in einer Schüssel 5 EL von der Milch mit der Stärke und dem Vanillemark verrühren. In einem Topf die restliche Milch erhitzen, die Vanillemischung einrühren und das Ganze unter Rühren köcheln und eindicken lassen. Mit einem Handrührgerät zwei Drittel des Zuckers, den Quark und den Zitronenabrieb unterrühren. In einer anderen Schüssel das Eiweiß mit dem restlichen Zucker und einer Prise Salz steif schlagen, dann die Mischung unter die Quarkmasse heben. Die Mischung auf dem Teigboden verteilen und die Oberfläche mit der Eigelb-Milch-Mischung bestreichen.

Den Kuchen in den Ofen schieben und 55 Minuten goldbraun backen.

Wäs

Schwäbische »Pizza«

Ergibt 5 Stück
Zubereitungszeit: 1 Stunde 10 Minuten

Für den Hefeteig
500 g Weizenmehl (Type 812)
20 g Hefe
1 EL Salz

Für den Belag
75 g Weizenmehl (Type 405)
150 g Sauerrahm
2 Eier
1 TL Salz
8 mittelgroße Äpfel, geschält, vom Kerngehäuse befreit, in feine Spalten geschnitten
4 EL Zucker, vermischt mit 2 TL Zimt, zum Bestreuen

Das Weizenmehl mit 300 ml lauwarmem Wasser, der Hefe und dem Salz zu einem Teig verarbeiten und diesen etwa 45 Minuten gehen lassen.

In der Zwischenzeit für den Belag das Mehl, den Sauerrahm, die Eier und das Salz in einer großen Schüssel glatt verrühren.

Den Backofen auf 250 °C (Ober- und Unterhitze) vorheizen. Mit feuchten Händen den Teig in fünf gleich große Portionen teilen und diese auf einem bemehlten Brett 10 Minuten ruhen lassen. Danach jedes Teigstück mit bemehlten Händen zu einem Fladen auseinanderziehen und auf ein mit Backpapier ausgelegtes Backblech legen.

Jeden Fladen mit der Sauerrahmmasse bestreichen und die Apfelspalten fächerförmig im Kreis darauf platzieren. Die Fladen mit Zimtzucker bestreuen und im vorgeheizten Ofen 15–20 Minuten goldbraun backen.

Statt mit Äpfeln kann man »Wäs« auch mit Lauch und Speck belegen. Bei uns im Dorfbackhaus werden sie aus dem übrig gebliebenem Brotteig zubereitet und mit etwas Kümmel bestreut. Bei der »Wäs«, auch »schwäbische Pizza« genannt, sind der Kreativität keine Grenzen gesetzt.

Aus Bayern

Als ich noch zur Schule ging, konnte ich jedes Mal den Freitag kaum abwarten. Das hatte eher nichts mit dem unbeliebten Deutschunterricht oder der Vorfreude auf das Wochenende zu tun. Vielmehr war das Mittagessen an diesem Tag der Grund dafür. Jeden Freitag nämlich machte meine Mutter Ottilie etwas Süßes für meinen Bruder, meine Schwester und mich. Es gab dann zum Beispiel Milchreisauflauf. Der war einfach so wunderbar leicht und locker. Manchmal wurden wir auch mit ofenwarmem Apfelstrudel empfangen und an anderen Freitagen gab es Apfelkücherl. Süße Speisen erinnern mich deshalb immer an Heimat und Geborgenheit. Und genau diese Gefühle und Werte, die unsere Eltern meinen Geschwistern und mir vorgelebt haben, gebe ich heute an meine beiden Jungs weiter.

Scheiterhaufn
Brötchen-Auflauf mit Äpfeln und Rosinen

Für 6 Personen
Zubereitungszeit: 35 Minuten plus 45 Minuten Backen

20 g Butter
6–7 altbackene Semmeln (Brötchen)
500 g Äpfel
1 TL Zimt
50 g Rosinen
750 ml Milch
75 g Zucker
4 Eier
3 EL Rum
3 EL Puderzucker

Eine feuerfeste Auflaufform mit Butter ausstreichen. Die Brötchen in dünne Scheiben schneiden. Die Äpfel schälen, in Spalten schneiden und das Kerngehäuse entfernen. Apfelspalten mit Zimt und Rosinen mischen. Nun abwechselnd die Brötchenscheiben und die Apfel-Zimt-Rosinen-Mischung in die Auflaufform schichten.

Den Backofen auf 170 °C (Ober- und Unterhitze) vorheizen. Die Milch erwärmen und den Zucker darin auflösen. Anschließend die Milch-Zucker-Mischung abkühlen lassen, mit den Eiern und dem Rum vermischen und durch ein Sieb passieren. Den Scheiterhaufen mit der Milch-Mischung gleichmäßig übergießen.

Den Auflauf im Ofen 45–50 Minuten backen. Mit Puderzucker bestauben und warm servieren.

 Dazu passt Apfelkompott.

Apfelkiachl mit Zimt
Frittierte Apfelringe mit Zimt

Für 4 Personen
Zubereitungszeit: 40 Minuten

Für den Ausbackteig
2 Eier
125 ml Weißwein
220 g Weizenmehl Type 405
¼ Vanilleschote
40 g Butter
1 EL Zucker
Salz

Außerdem
4 Äpfel
1 EL Zimt
4 EL Zucker
Butterschmalz oder Sonnenblumenöl zum Frittieren

Die Eier trennen. Das Eigelb mit Weißwein vermengen und mit dem Mehl zu einem glatten Teig verrühren. Die Vanilleschote längs halbieren und das Mark herauskratzen. Die Butter schmelzen. Die flüssige Butter bis auf 1 EL zum Teig geben, den Rest im Topf braun werden lassen. Nun auch die braune Butter sowie das Vanillemark in den Teig rühren. Das Eiweiß mit Zucker und 1 Prise Salz zu einem festen Schnee schlagen und unter den Teig heben.

Die Äpfel schälen und das Kernhaus mit Hilfe eines Kernausstechers entfernen. Die Äpfel quer zum Gehäuse in etwa 0,5 cm dicke Ringe schneiden. Zimt und Zucker mischen.

Das Frittieröl in einem Topf auf etwa 180 °C erhitzen. Die Apfelringe in den Ausbackteig tauchen und im heißen Öl goldgelb backen. Aus dem Fett nehmen und auf einem Küchentuch abtropfen lassen. Anschließend im Zimtzucker wenden und servieren.

Zwetschgendatschi

Zwetschgenkuchen

Ergibt 1 Blech
Zubereitungszeit: 45 Minuten plus 50 Minuten Ruhen plus 35 Minuten Backen

Für den Hefeteig
500 g Weizenmehl Type 405
200–250 ml Milch
30 g Hefe
30 g Zucker
1–2 Eier
140 g Butter plus mehr für das Blech
Salz

Mehl für die Arbeitsfläche
etwa 1,5 kg Zwetschgen

Für die Streusel
250 g weiche Butter
2–3 EL Zucker
200–250 g Weizenmehl Type 405

Das Mehl in eine große Schüssel sieben. Aus 6 EL lauwarmer Milch, Hefe, Zucker und Mehl ein Dampferl (Vorteig) herstellen und dieses an einem warmen Ort gehen lassen.

Den Vorteig, wenn er nach etwa 20 Minuten Blasen wirft, mit der restlichen Milch, den Eiern, 60 g Butter und 1 Prise Salz in einer Küchenmaschine mit Knethaken zu einem glatten und elastischen Teig verarbeiten.

Den Teig abdecken und nochmals zum Gehen an einen warmen Ort stellen. Nach etwa 30 Minuten sollte sich das Volumen des Teigs verdoppelt haben.

Mit der Hand noch einmal durchkneten und anschließend mit einem Nudelholz auf einer bemehlten Arbeitsfläche 1–1,5 cm dick ausrollen. Ein Backblech mit Butter einfetten. Den Teig auf das Blech legen und mit einer Gabel Löcher hineinstechen. Nochmals etwa 15 Minuten gehen lassen.

In der Zwischenzeit die Zwetschgen waschen, halbieren und entsteinen. Den Backofen auf 160 °C (Ober-/Unterhitze) vorheizen.

Die restliche Butter schmelzen lassen und den Teig damit bestreichen. Mit den Zwetschgen belegen.

Die Zutaten für die Streusel mischen und mit den Händen bröselig kneten. Streusel auf den Zwetschgen verteilen. Den Kuchen im Ofen 35 Minuten backen. Abkühlen lassen und servieren.

 Dazu passt frisch geschlagene Sahne.

Karamellisierter Kaiserschmarrn

Karamellisierter Kaiserschmarrn

Für 4 Personen
Zubereitungszeit: 45 Minuten

Für den Teig
5 Eier
etwa 250 ml Milch
150 g Weizenmehl Type 405
½ Vanilleschote
1 unbehandelte Zitrone
30 g Zucker
Salz

Zum Backen
2 EL Mandelblättchen
Sonnenblumenöl zum Backen
40 g Rumrosinen
2 EL Zucker
1–2 EL Butter
Puderzucker zum Bestauben
frische Beeren und Minze zum Garnieren

Für den Grundteig die Eier trennen. Milch mit dem Eigelb verquirlen und mit dem Mehl zu einem glatten Teig verrühren. Die Vanilleschote längs halbieren und das Mark herauskratzen. Die Zitrone waschen und Schale abreiben. Vanillemark und 1 TL Zitronenabrieb in den Teig einrühren. Eiweiß, Zucker und 1 Prise Salz zu einem festen Schnee schlagen und diesen unter den Teig heben.

Die Mandelblättchen in einer Pfanne ohne Fett leicht anrösten. Den Backofen auf 160 °C (Ober-/Unterhitze) vorheizen.

In eine heiße beschichtete und ofenfeste Pfanne etwas Öl geben, den Teig etwa 2 cm hoch einfüllen und bei niedriger Temperatur von unten goldbraun anbacken. Währenddessen auf dem Teig Rumrosinen und geröstete Mandelblättchen verteilen. Die Pfanne vom Herd nehmen und den Kaiserschmarrn im Backofen unter dem Grill von oben ebenfalls goldbraun backen.

Den Kaiserschmarrn aus dem Ofen nehmen, in der Pfanne wenden und in der Mitte halbieren. Mithilfe von zwei Gabeln in kleine Stücke reißen und auf einen Teller legen.

Die noch warme Pfanne bei mittlerer Temperatur wieder auf den Herd stellen. 1 EL Zucker in der Pfanne verteilen und etwas karamellisieren lassen. Zügig die Hälfte der Butter dazugeben und den zerrissenen Kaiserschmarrn in der Pfanne kurz fertig backen. Dabei immer wieder durchschwenken.

Den karamellisierten Kaiserschmarrn in der Pfanne anrichten und mit reichlich Puderzucker bestauben. Mit frischen Beeren und etwas Minze garniert servieren.

 Dazu passt Apfelmus.

Auszogne / Kiachl
Schmalzgebäck

Ergibt 20–25 Stück
Zubereitungszeit: 45 Minuten plus 1 Stunde 10 Minuten Ruhen

800 g Weizenmehl Type 405
250 ml Milch
42 g Hefe
80 g Zucker
1 Vanilleschote
½ unbehandelte Zitrone
3 Eier

2 Eigelb
etwa 3 EL weiche Butter
Salz
Mehl fürs Blech
4–5 l Butterschmalz zum Ausbacken
Öl für die Hände
Puderzucker zum Bestauben

Das Mehl in eine große Schüssel sieben. Aus etwa 10 EL lauwarmer Milch, Hefe, der Hälfte des Zuckers und Mehl ein Dampferl (Vorteig) herstellen und dieses an einem warmen Ort gehen lassen.

In der Zwischenzeit die Vanilleschote längs halbieren und das Mark herauskratzen. Die Zitrone waschen und Schale abreiben. Den Vorteig, wenn er nach etwa 20 Minuten Blasen wirft, mit dem restlichen Zucker, der restlichen Milch, Eiern, Eigelb, Vanillemark, Zitronenabrieb, Butter und 1 Prise Salz in einer Küchenmaschine mit Knethaken zu einem glatten, elastischen Teig verarbeiten.

Den Teig abdecken und zum Gehen an einen warmen Ort stellen. Nach etwa 30 Minuten sollte sich das Volumen verdoppelt haben.

Mit den Händen den Teig noch einmal durchkneten und in gleichmäßig große Kugeln mit einem Durchmesser von etwa 5 cm teilen. Die Kugeln in der hohlen Hand nachformen (abschleifen).

Die Kugeln auf ein bemehltes Blech legen, abdecken und nochmals 20 Minuten an einen warmen Ort stellen, bis sich das Volumen erneut verdoppelt.

Zum Ausbacken einen breiten Topf mit Butterschmalz füllen und auf 180 °C erhitzen. Die Teigkugeln mit den Händen flach am Rand unter drehen auseinanderziehen (ausziehen). Die Finger dazu einölen, damit der Teig nicht reißt. Die ersten Auszognen etwa zur Hälfte ausziehen und nochmals kurz ablegen. Dann alle Auszognen auf die gesamte Größe (etwa 15 cm) ausziehen und in das heiße Fett legen.

Am Anfang mit einem Schöpfer etwas Fett über die Mitte gießen, so geht das Schmalzgebäck besonders gut auf. Von beiden Seiten etwa 2–3 Minuten ausbacken. Aus dem Fett nehmen und auf Küchenpapier abtropfen lassen. Die Auszognen lauwarm mit Puderzucker bestaubt servieren.

 Ideal zum Ausziehen eignet sich ein extra dafür hergestellter Pilz aus Holz.

Bayrisch Creme
Bayrische Creme

Für 4 Personen
Zubereitungszeit: 25 Minuten plus 3 Stunden Kühlen

1 Vanilleschote
4 Eigelb
70 g Puderzucker
2 Blatt Gelatine
2 EL Himbeerschnaps
300 g süße Sahne
frische Beeren und Minze zum Servieren
Puderzucker zum Bestauben
Schokoladenraspeln zum Garnieren

Die Vanilleschote längs halbieren und das Mark herauskratzen. Das Mark mit Eigelb und Puderzucker in eine Schüssel geben und über einem heißen Wasserbad mit dem Schneebesen aufschlagen, bis eine cremige Masse entsteht. Die Schüssel vom Wasserbad nehmen und beiseitestellen.

Die Gelatine in kaltem Wasser einweichen. Den Schnaps in einem kleinen Töpfchen erwärmen. Nun die Gelatine aus dem Wasser nehmen, gut ausdrücken und im Himbeerschnaps auflösen. Die Sahne leicht aufschlagen.

Die Gelatine unter die Eimasse rühren. Die Hälfte der Sahne ebenfalls unter die Creme rühren, den Rest vorsichtig unterheben. Die Bayrisch Creme in Förmchen oder Schüsseln füllen und vor dem Servieren für etwa 3 Stunden in den Kühlschrank stellen. Auf Teller stürzen und mit Beeren, Minze, Puderzucker und Schokoladenraspeln servieren.

Dampfnudeln
Dampfnudeln

Für 8 Personen
Zubereitungszeit: 45 Minuten plus 50 Minuten Ruhen plus 30 Minuten Backen

Für den Hefeteig
500 g Weizenmehl Type 405
30 g Hefe
70 g Zucker
250 ml Milch
2–3 Eier
100 g Butter
Salz

Zum Garen
250 ml Milch
1 EL Butter
1 EL Zucker
Puderzucker zum Bestauben

Das Mehl in eine große Schüssel sieben. Aus Hefe, 1 EL Zucker, etwa 5 EL lauwarmer Milch und Mehl ein Dampferl (Vorteig) herstellen und dieses abgedeckt für etwa 20 Minuten an einem warmen Ort gehen lassen.

In der Zwischenzeit die Eier aufschlagen und verquirlen. Butter schmelzen. Wenn das Dampferl nach etwa 20 Minuten Blasen wirft, die restliche Milch, Eier, flüssige Butter, den restlichen Zucker und 1 Prise Salz dazugeben und in einer Küchenmaschine mit Knethacken zu einem glatten, elastischen Teig verarbeiten. Den Teig abdecken und für etwa 30 Minuten zum Gehen an einen warmen Ort stellen.

Den Teig mit den Händen nochmals durchkneten und gleichmäßige Kugeln formen. Sie sollen etwa die Größe eines Eis haben.

Für das Garen der Dampfnudeln die Milch leicht erwärmen. In einem großen flachen Topf mit Deckel lauwarme Milch, Butter und Zucker mischen und die Teigkugeln nebeneinander hineinsetzen. Abdecken und etwa 20 Minuten an einem warmen Ort gehen lassen. In der Zwischenzeit den Backofen auf 170 °C (Ober-/Unterhitze) vorheizen.

Den Topf mit Deckel in den Ofen schieben und die Dampfnudeln etwa 30 Minuten backen. Danach die Dampfnudeln mit Puderzucker bestauben und mit Vanillesauce servieren.

 Wichtig: Der Topf darf währen des Garens nicht geöffnet werden, da sonst Dampf entweicht.

Rezeptverzeichnis nach Regionen

Rezeptverzeichnis nach Gericht

Desserts

Bild- und Textnachweis

Folgende Texte und Rezepte stammen von Birte Münster-Peters:
S. 9, 10, 12, 14, 16, 18, 63, 64, 66, 68, 70, 72, 105, 106, 108, 110, 112, 114, 116, 118, 120, 122, 124, 159, 160, 162, 164, 166, 168, 170, 172, 174, 176, 178

Folgende Texte und Rezepte stammen von Simon Tress:
S. 21, 22, 24, 26, 28, 30, 32, 34, 36, 38, 40, 75, 76, 78, 80, 82, 82, 127, 128, 130, 132, 134, 136, 181, 182, 184, 186, 188, 190, 192, 194, 196, 198, 200

Folgende Texte und Rezepte stammen von Gregor Wittmann:
S. 43, 44, 46, 48, 50, 52, 54, 56, 58, 87, 88, 90, 92, 94, 96, 98, 100, 139, 140, 142, 144, 146, 148, 150, 152, 154, 203, 204, 206, 208, 210, 212, 214, 216

Impressum

Produktmanagement: Sonya Mayer
Textredaktion: Monika Judä (norddeutsche Rezepte), Gundula Müller-Wallraf (schwäbische Rezepte), Ulrike Geist (bayrische Rezepte)
Korrektorat: Asta Machat (norddeutsche und schwäbische Rezepte),
Annika Genning (bayrische Rezepte)
Layout: Cettina Vicenzino
Satz: Silke Schüler
Umschlaggestaltung: Caroline Daphne Georgiadis unter Verwendung
von Fotos von Cettina Vicenzino
Repro: Ludwig:media Zell am See
Herstellung: Barbara Uhlig
Fotografie und Styling: Cettina Vicenzino

Printed in Germany by APPL

Sind Sie mit diesem Titel zufrieden? Dann würden wir uns über Ihre Weiterempfehlung freuen. Erzählen Sie es im Freundeskreis, berichten Sie Ihrem Buchhändler, oder bewerten Sie bei Onlinekauf. Und wenn Sie Kritik, Korrekturen, Aktualisierungen haben, freuen wir uns über Ihre Nachricht an Christian Verlag, Postfach 40 02 09, D-80702 München oder per E-Mail an lektorat@verlagshaus.de.

Unser komplettes Programm finden Sie unter

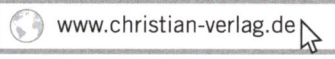
www.christian-verlag.de

Mitmachen & mitreden — gemeinsam mit uns Koch- und Ernährungsbücher gestalten! Für Sie ist Kochen viel mehr als nur Zubereitung von Nahrung? Kochen ist Ihre Leidenschaft! Dann haben wir Sie für unser neues Christian Verlag-Kundenpanel Koch- und Ernährungsbuch gefunden! Machen Sie mit:

(http://christian-verlag.de/kundenpanel)

Ebenfalls erhältlich ...

ISBN 978-3-95961-145-9

Lieber Choucroute oder Coq au Riesling? Lieber Flammekueche oder Foie Gras? In den Familienrezepten dieses Elsass-Kochbuchs werden Sie sicher fündig.

ISBN 978-3-86244-975-0

Deftig, zeitlos, einfach lecker: Das neue schwäbischen Kochbuch tischt süddeutsche Wohlfühlklassiker auf! Entdecken Sie die urige Regionalküche.

ISBN 978-3-95961-095-7

Kochen und essen wie Gott in Bayern. Ein Bayrisch-Kochbuch für Grantler, Gemütliche und Genießer. Mit den besten Rezepten Bayerns.

ISBN 978-3-86244-665-0

Die norddeutsche Küche hautnah erleben. Friesisch kochen mit Fisch, Krabben und mehr. Dieses Kochbuch bringt Norddeutschland in Ihre Küche.

ISBN 978-3-86244-091-7

Die Bäuerin Amalia Höller, in Südtirol bekannt als „die Mali", präsentiert 85 authentische Rezepte aus ihrer Bergbauernstube.

ISBN 978-3-88472-948-9

»Die 80 Familienrezepte sind der beste (!) Teil des Kochrepertoires meiner Mutter Maria aus dem kleinen Dorf Militello in Val di Catania.«

CHRISTIAN

www.christian-verlag.de